L'expertise sous le regard de la psychanalyse

Psycho - logiques
Collection fondée par Philippe Brenot
et dirigée par Joël Bernat

Sans exclusives ni frontières, les logiques président au fonctionnement psychique comme à la vie relationnelle. Toutes les pratiques, toutes les écoles ont leur place dans Psycho - logiques.

Déjà parus

Sébastien PONNOU, *Le travail social à l'épreuve de la clinique psychanalytique*, 2016.

Souad BEN HAMED-VERNOTTE, *Approche clinique de quelques mécanismes pervers narcissiques, La face cachée de la relation*, 2016.

Mourad MERDACI, *Adolescence algérienne. Liens et cliniques*, 2016.

Paul MESSERSCHMITT et Mélanie DUPONT, *Voulez-vous marcher sur la tête ? Témoins, experts et citoyens*, 2016.

Nadine GOBIN, *La relation et le couple, vecteurs de changement. Changer pour aimer, aimer pour changer*, 2016.

Patrick-Ange RAOULT, *Clinique du corps et de l'acte, Devenir psychologue, Tribulations professionnelles d'un praticien chercheur ordinaire*, 2016.

Martin EGGE, *La cure de l'enfant autistique*, 2015.

Emiléa NKAYÉ, *Une problématique de la douleur chronique*, 2015.

Jean-Claude GUILLAUMUE, *Une petite histoire de la psyché ou quelques reflets de l'âme dans le miroir de l'inconscient*, 2015.

Michel LEMONNIER, *Le travail reconnu. Comprendre, analyser et formaliser l'expérience professionnelle*, 2015.

Jean GODEBSKI, *Tout ce que tu fais pour la personne sans la personne, tu le fais contre la personne, Vers une redéfinition de la fonction paternelle*, 2015.

Michel DAVID, *Soigner les méchants, Ethique du soin psychiatrique en milieu pénitentiaire*, 2015.

Arlette Villa-Portenseigne

L'expertise sous le regard de la psychanalyse

« Faux-Pas » ou la question des mères

Postface de Jean Segalen

L'Harmattan

5-7, rue de l'École-Polytechnique, 75005 Paris
http://www.editions-harmattan.fr
ISBN : 978-2-343-11083-7
EAN : 9782343110837

À Ghislaine et Bertrand, mes enfants ;
à Pierre-Téva, Jules et Ines, mes petits-enfants.

Remerciements

Je remercie Gilbert, mon époux,
pour son aide éclairée et ses encouragements.

Dominique qui a déclenché cet écrit

Un merci tout particulier à :

Anne Durand, Pierre Peyré et Jean-Pierre Quayret :
leur amitié et leur soutien ont soutenu
ma réflexion et guidé mes pas.

Merci à tous ceux qui m'ont encouragée
absents et présents.

Préambule

« Les mots qui vont surgir
savent de nous
ce que nous ignorons »
René CHAR

En choisissant ces mots « Faux Pas » qui m'étaient adressés lors d'une rencontre un peu exceptionnelle, j'ai pris le parti d'en extraire le sens au sens le plus large du terme (cet échange avait lieu en milieu carcéral où j'effectuais une expertise dans le cadre de la justice). Cheminant au gré des mots du dialogue, de ce qui advenait dans l'échange, je ne pouvais plus arrêter le mouvement de découverte. Du sens apparemment commun jaillissent d'autres sens notamment celui de l'origine « d'où ça part » ?

Délaissant un moment les fondamentaux de la clinique analytique, j'allai fouiller du côté de la littérature ; j'avais l'idée que je pourrais y trouver quelques résonances à « Faux Pas ». Je n'en attendais pas tant lorsqu'en parcourant les *Récits critiques* de Maurice Blanchot[1], une autre version de Faux Pas m'était donnée que j'ignorais.

---

1 BLANCHOT Maurice, *Récits critiques.* Sur un exercice de lecture d'un texte de Pierre Antoine Villemaine s'exprime tout un programme d'effets de sensations suscités par la voix. Le corps est sollicité par

Lecteur de Nietzsche et de Rilke, Blanchot va aborder dans le texte d'un livre qu'il nomme *Faux Pas*[2], la problématique de l'angoisse, de la communication, du secret et de la vérité. Quelque chose fait mouche, ces mots résonnent en moi, ils me font entrevoir les signifiants repérés dans les problématiques que je dois approfondir pour éclairer la justice. Dans *Faux Pas*, Blanchot cite un extrait d'une lettre de Rilke à Franz Xavier Kappus qui retient particulièrement mon attention. Le contenu de cet extrait va redoubler un questionnement qui s'articule avec l'esprit de cette lettre. Avec humilité et pertinence, Blanchot souligne le caractère indéchiffrable, énigmatique, que met en évidence la clinique de l'angoisse. Il dit ceci : « Nous savons peu de chose, mais qu'il faille nous tenir au difficile, c'est là, une certitude qui ne doit pas nous quitter. »

En revisitant ce texte, il m'a semblé y trouver une articulation avec ce que je propose d'éclairer par le biais de « Faux Pas », interroger ce lieu « d'où ça part », lieu de l'inconscient, d'où vient parfois la réplique tragique du véritable univers inintelligible.

---

ces effets. « Je regarde cet homme qui va lire en public, je vois l'étrangeté de ce corps courbé, une masse voûtée, close. Il semble inerte, immobile, figé, présent absent. Paupières mi-closes, absorbé rentré en lui. » Des mots donnant substance, formant leurs rapports, offrant au mot être son être.

2 *Faux Pas.* Les hommes font parler l'être sur la sauvegarde du secret (p. 26), expression de paradoxe « usurpation de l'angoisse pour réduire l'impensable folie qui réduit au silence » (p. 15), ses œuvres, sa pensée sont toutes formées de péripéties autobiographiques, et semblent destinées à révéler sa vie, et en même temps, cette vie ainsi livrée continuellement d'une manière indirecte dans les écrits… ne peut être révélée dans sa vérité et son drame profond.

Dans une mise en perspective de ces deux versions de Faux Pas : littéraire et clinique, j'ai pu constater comment l'esprit de la réflexion philosophique vient rejoindre la clinique en réveillant inopinément un sentiment confus, voire inexprimable, de l'ordre de l'angoisse par exemple. L'angoisse se signale partout dans nos actes les plus élémentaires. C'est une manière d'hésiter devant une situation, une orientation, un trouble, faire fausse route, faux pas, en tout cas quelque chose de désagréable qui questionne, vient troubler le système de communication.

Blanchot dit : « L'angoisse exige l'abandon de ce qui risque de la faire plus faible », cela peut s'apercevoir à l'occasion d'un projet ambitieux, celui qui exige une telle maîtrise qu'il faut renoncer à la part du désir. Il peut se solder par un échec si l'on veut en maintenir le caractère ultime d'excellence. De même, dans sa façon de parler du « secret », il le conçoit comme un moyen de se protéger de pensées inavouables, afin de préserver l'image narcissique de l'effondrement.

Cette aptitude de l'écrivain à traduire les profondeurs de son être, les angoisses, les défenses, les réflexions sur l'incommunicabilité de ce qui fait le secret, ces thèmes font lien me semble-t-il avec la clinique du réel que l'on retrouve chez Lacan[3]. Ce réel qui ne peut tout dire et préserve sans doute ainsi cette part d'ombre où se loge l'indicible du secret.

---

[3] LACAN Jacques, « La clinique du réel », *Le Séminaire, Livre XI : Les quatre concepts fondamentaux de la psychanalyse*, Seuil, 1975 ; le réel, c'est le caractère intrusif qui surprend parce qu'il vient heurter un certain ordre établi, une réalité harmonieuse, il vient déranger et modifier par son intrusion la dynamique de la réalité.

Introduction

Si l'ambiguïté du titre interpelle, elle se retrouvera tout au long de ce texte en y inscrivant la marque de sa légitimité ainsi que les signifiants qui la représentent. C'est d'abord l'histoire d'une rencontre peu ordinaire dans un lieu chargé de sens : la maison d'arrêt.

« Faux Pas » s'est introduit subrepticement comme réponse à un passage à l'acte. L'équivoque qui caractérise ce titre va introduire un questionnement qui va au-delà de l'histoire. Elle ouvre, dans un lien particulier, à une dimension intime du sujet et de son articulation aux autres. Toutefois, cette rencontre n'était pas fortuite, elle concernait une procédure qui relevait du ministère de la Justice.

Psychologue clinicienne, de formation analytique, j'ai exercé durant plusieurs années la fonction d'expert près les tribunaux. J'avais une mission : rendre compte dans un rapport spécialisé des motivations de l'acte, éclairer la justice sur la personnalité du sujet, son équilibre mental, sa responsabilité, participer ainsi au diagnostic et au jugement. L'enjeu était d'importance dès lors qu'il s'agissait de dire s'il était responsable au titre de la loi, conscient ou pas ! Cette rencontre va nous entraîner aux confins de l'être humain, révéler à son insu ce qui, dès l'origine, laisse une empreinte, trace une histoire. Elle se prolongera avec : la question des mères, et de la femme bien entendu. Tout en poursuivant ce travail d'expertise, j'ai aussi assumé des consultations en dispensaire, hôpital de jour. J'aborderai, dans la perspective « d'où ça part », le système de transmission de ces signifiants, toujours errants, dans les problématiques et leurs symptômes !

Cette expérience conjointe à celle de clinicienne dans les hôpitaux, secteur de la psychiatrie, m'a enrichie d'un savoir autre qu'académique. L'idée de témoigner de ce savoir que seule l'expérience nous transmet a décidé de cet écrit.

Dire autrement ce qui se dissimule entre le mot et l'acte, tout en s'y faufilant, repérer le décalage entre la pensée et l'action, découvrir ce que toute rencontre recèle de part de « vérité » qui ne peut s'avouer, faire apparaître le caractère pathologique des actes, suggérer quelques idées pouvant contribuer à une prévention des désordres actuels que traverse notre société, voilà ce qui a orienté ce travail. Afin de cerner plus finement la question de la vérité, principalement ce qui déclenche l'acte responsable de l'enfermement, j'ai pris, délibérément, le parti d'introduire la clinique psychanalytique dans ce travail de découverte. Ceci dit, j'ai aussi utilisé les outils scientifiques que nous avons à notre disposition relatifs aux appréciations du potentiel intellectuel, et autres.

L'écueil que j'ai souvent rencontré est de l'ordre, des décalages que les dialogues nous révèlent par rapport à la description des faits. Le rapport à la loi nous confronte principalement à cette ambiguïté : d'une part, le rapport des enquêtes nous renseigne sur le caractère illégal de l'acte au regard de la loi, questionne la société. Par ailleurs, le discours entendu dans la rencontre nous engage dans la dimension de la responsabilité du sujet, son rapport à la loi, dans ce qu'il peut, ou ne peut pas dénouer de sa jouissance à la réalité.

Chaque cas ici est singulier parce qu'il renvoie à sa propre histoire qui le prédétermine de ce fait dans sa place de sujet dans la société.

De ces multiples et difficiles rencontres, j'ai voulu souligner le caractère fondamental de la parole de ce lieu énigmatique qui la produit et la structure : « d'où ça part ». Comment la pulsion qui l'anime est le fait de l'altérité, de l'évènement, de l'environnement, et sans doute aussi de l'effet de transfert. Dans ce qui se répète, c'est toujours le même circuit, l'immédiateté d'une rencontre, une émotion, fulgurance du ressenti en lien avec ce qui est réactivé de l'archaïque.

C'est souvent une violence, parfois meurtrière, que déclenche une frustration, un empêchement à une jouissance, en tout cas quelque chose qui entrave une élaboration plus accommodante de la réalité. Toutefois, le symptôme s'annonce toujours par un petit signe souvent incohérent, difficile à traduire parce qu'il vient de loin à la racine de l'évènement qui le cause. « D'où ça part », lieu mythique d'accès compliqué, détient toute l'histoire de l'individu, son héritage générationnel avec lequel il se présente à nous.

PREMIÈRE PARTIE

Sur l'expertise

Au préalable, je voudrais revenir sur ma fonction d'expert. L'imprimé du ministère de la Justice précisait en ces termes notre mission : nous avions à éclairer le juge sur la personnalité du sujet, ses motivations, pour comprendre l'acte qui le concernait.

Ce terme d'éclairer, outre le sens général, m'évoquait la « caverne de Platon », *y voir clair dans ce qui est et demeure en partie obscur pour rendre la justice.* L'échec de la caverne à renseigner sur l'énigme de l'être m'évoque un autre lieu tout aussi obscur, « d'où ça part », lieu incontournable qui n'est autre que l'inconscient. Freud l'imagine comme une « chambre noire » afin d'en souligner le caractère voilé, obscur du contenu, et la difficulté à en décrypter le sens. Lacan le désigne comme « le trésor des signifiants ». Ceux qui sans doute sont à l'origine des premières inscriptions mais qui ne se manifestent qu'à travers un réel qui vient les surprendre. Ce réel, souvent traumatique, va permettre de retrouver, sous la férule du signifiant, une trace, de produire une parole au plus près de la vérité.

L'adolescence

J'ai exercé pendant 17 années cette fonction d'expert près des tribunaux. Intriguée par le caractère compulsif, répétitif d'expressions retrouvées dans bon nombre de cas, j'ai sélectionné quelque 200 dossiers. L'idée était d'identifier le signifiant qui donne un sens commun susceptible de traduire l'excès ou le défaut de ces personnalités déséquilibrées.

Dans les dossiers que j'ai retenus pour ce travail, j'ai remarqué que ce qui se répète inlassablement, c'est d'abord la question du rapport à la loi. Vient ensuite l'originalité des éléments personnels livrés lors de l'entretien, ceux qui nourrissent la clinique, mais ne vont pas toujours dans le sens de ce que la justice attend de nos rapports ; à nous de démêler le nœud des histoires.

Le projet était de faire apparaître ce qui reste fondamentalement inscrit dès la naissance, ce qui va constituer le sujet dépendant ou libéré ; dynamique de l'humain, peu variable, quels que soient les époques et les modes de vie. L'actualité nous inonde de drames individuels et collectifs, elle témoigne d'une escalade de la violence, de passages à l'acte qui déstabilisent la société et menacent nos libertés. En dépit de l'évolution, que ce soit du point de vue technologique ou des mœurs, nous restons prisonniers d'invariants qui nous débordent et dont nous n'avons toujours pas traversé le point d'orgue.

Repérer et comprendre le système de lien favorable au symptôme, à ses manifestations, saisir son enracinement, sa participation dans les passages à l'acte exige à la fois la rigueur et une attention constante, susceptible d'aider à la recherche de la vérité, d'apporter un éclairage au système éducatif !

Ce sont tous les cas que je vais déplier qui nous offrent la lecture du symptôme. Ils nous réservent une autre appréciation des cicatrices jadis inscrites, témoins de toutes ces émotions éprouvées : plaisir, chagrin, rejet, déception, révolte.

Ces marques ineffables inscrites en priorité vont nous permettre de suivre le cheminement du sujet, d'apercevoir le brouillage qu'elles occasionnent dans son parcours. C'est le sens de ce travail d'observation, d'analyse, et d'écriture.

Aller plus loin que la recherche des motivations profondes sur lesquelles la justice nous demande un avis suppose un détour par l'inconscient. Pour éclairer ces zones obscures, nous ne pouvons pas faire l'économie de découvrir l'être humain dans ce qui le constitue depuis sa naissance.

Son histoire s'inscrit bien sûr dans celle de sa famille, son environnement. Cet aspect de la recherche est très important pour nous experts. Il nous aide à faire la lumière sur le problème de la responsabilité, l'approche de la « vérité », la problématique du mensonge, à déjouer les effets des mécanismes de défense qui infiltrent les argumentations.

La majorité des sujets que j'ai rencontrés, ce sont des adolescents déjà engagés dans la marginalité, voire la délinquance. De nombreux « faux pas » les avaient entraînés dans des dérapages, des chutes dont ils avaient du mal à se relever. La plupart, ce sont des adolescents en déshérence, en échec scolaire, révoltés contre tout système contraignant, la loi bien sûr, l'autorité si ce n'est celle d'un chef de groupe, instigateur d'un idéal auquel ils adhèrent.

D'où ça part

La violence de leurs revendications témoigne de l'ambiguïté du mal-être et de l'impasse dans laquelle ils se sont fourvoyés. Le contenu et l'originalité de leurs propos, leur tonalité agressive expriment une agitation psychique qui voudrait bousculer le temps, imposer sa loi, son langage. Comme le dit si bien Philippe Lacadée[4], à propos de l'adolescence, dans *L'éveil et l'exil.* Pour bien saisir l'enjeu de cette étape, il utilise cette formule que je lui ai empruntée : « d'où ça part ». Situer ce moment de l'adolescence où tout est repris des inscriptions premières, pour trouver une articulation et décider des orientations nouvelles, est un moment décisif.

---

4 LACADEE Philippe, *L'éveil et l'exil*, p. 49 Moment de désarroi de cette souffrance toujours moderne d'avoir à se conjuguer au temps présent, celui du printemps de la pulsion qui se décline autour d'un objet, ne fait que se révolutionner autour de lui et de susciter en retour l'éprouvé de ce qui ne peut plus se dire dans l'enfance du verbe. Là où le verbe de l'Autre ne peut plus voiler l'indicible, surgit le désarroi devant l'objet innommable. Là où le verbe n'est plus créateur, Rimbaud inventa l'alchimie du verbe pour traduire ce qui de la « vraie vie » se jouit au cœur du corps de l'adolescent, tout en faisant valoir la logique de son insurrection singulière.

Pontalis[5] questionne autrement « ce lieu secret », il évoque la pluralité d'espaces psychiques « où ça se passe » ?

Je retrouve dans les entretiens ce phénomène de presse, « ils sont pressés », excités, ne tiennent pas en place. Il y a chez eux une volonté d'épater, mais aussi de s'isoler, en utilisant un langage original qui les distingue du langage commun. Si ce langage qu'ils inventent les isole, ils s'y accrochent comme à un rêve impossible qui leur sert sans doute aussi de béquille face à un vide.

« D'où ça part » fuse un discours d'arrogance et d'ambivalence qui met en lumière ce passage obscur souvent périlleux pour le sujet dans sa quête de liberté, ses revendications, ses conflits. Confrontés à la loi, aux conséquences de leurs actes délinquants, à leurs responsabilités, ils sont démunis. Il y a chez la plupart une impossibilité à comprendre ce terme de responsabilité. Leur révolte s'entend comme un crédo, un appel désespéré à un autre souvent absent : ce qu'ils disent alors : « ils n'ont pas demandé à venir ce n'est pas leur faute ». Ceci dit, l'appel souvent désespéré s'adresse à une femme : la mère (nous développerons plus loin cet appel à la mère – maman). L'absent, c'est le père, le « salaud » inexistant en tant que repères, parti en voyage,

---

5 PONTALIS J.-B., *Loin*, NRF. Expérience de dépaysement, de bouleversement vécu d'abord dans l'allégresse, et de légèreté qui vire progressivement au malaise, à la dépossession de soi, à l'exil. *Loin* dit aussi l'éloignement, la notion du temps, p. 16. L'important n'est pas de jouer, mais de ne pas se « laisser confiner dans le jeu de son vis-à-vis, se découvrir, puis donner la réplique ».

il échappe de ce fait à la charge agressive des revendications.

Ils sont géniaux dans l'utilisation de la voix et du regard pour faire savoir là où ils sont dérangés et en souffrance. Dans la relation duelle, ils sont extrêmement sensibles à la tonalité de la voix, elle les exaspère ou les ferme à une confrontation. Il suffit d'un certain regard pour modifier rapidement leur attitude violente ou culpabilisante. C'est toujours dans un rapport à l'autorité et à la loi que s'exprime ce mal-être fondamental.

Comme ils sont dans une méconnaissance de cette agitation interne qui les submerge, ne pouvant y reconnaître d'où elle vient, le corps reste le messager privilégié de cette révolte interne. Si la mère reste la seule branche à laquelle se raccrocher, cette demande est toutefois ambiguë. Ils veulent la protéger tout en méprisant, dans un reproche sévère, le choix qu'elle a fait du « géniteur » : « Mais pourquoi a-t-elle choisi un homme aussi nul ? », disent-ils. En dépit du sentiment de trahison, de déception qui les taraude, on aperçoit l'effet ravageur de ces absences, le manque d'un modèle, le « tiers » qui fait coupure. Pour quelques-uns le reproche est atténué, ceux qui peuvent bénéficier d'un discours maternel où un homme avait compté pour elle.

Pour d'autres, issus d'une famille structurée, c'est la révolte à propos des contraintes imposées par le système éducatif, le désaccord avec le mode de vie, le refus de l'autorité. L'opposition se signe dans les passages à l'acte. Les mobiles sont : vols, fugues, violences, échec scolaire.

J'ai été confrontée également à une problématique un peu différente qui interpelle notre société. Certes nous sommes toujours dans le passage à l'acte, mais celui-ci relève d'une pathologie dont le seuil reste difficile à appréhender. Il se distingue quelque peu de celui de la délinquance. Leur mal-être les situe, comme s'ils étaient posés sur des « bords fragiles » susceptibles de s'effondrer. On les désigne souvent comme : « états-limites ». Ces jeunes, sans être à l'abandon, ni d'un milieu défavorisé sont en équilibre précaire. Les failles se signalent prioritairement par l'angoisse, la colère, parfois l'extravagance dans le refus de la loi. Ils sont comme des funambules dans un numéro d'équilibriste, cherchant à traverser sur un fil le vide qui le sous-tend.

Des carences trop importantes ont raison de leur vulnérabilité. J'en ai rencontré un certain nombre dont les symptômes pouvaient se confondre avec la psychose. Les nuances se font au niveau de la qualité des étayages : - ceux qui favorisent l'inscription laissant des traces parce qu'ils ont été confrontés à une castration, contrariés dans le plaisir, « l'Autre » est interpellé, - ceux où l'effet de sidération fixe l'émotion mais en saborde l'impression, il y a un effacement qui laisse comme un blanc.

J'ai trouvé à ce propos un écho particulièrement riche en observations, une analyse remarquable sur la psychose dans le livre de Francesca Biagi-Chai[6], *Le cas*

---

[6] BIAGI-CHAI Francesca, dans *Le cas Landru à la lumière de la psychanalyse*, montre comment les concepts de la clinique psychiatrique conservent aujourd'hui encore une pertinence inaltérée.

Landru à la lumière de la psychanalyse. J'y reviendrai plus loin dans l'analyse des cas. Ce livre a été un appui encourageant relatif aux problématiques déjà rencontrées dans ma pratique, que ce soit au niveau de la clinique, mais aussi des questions que pose l'expertise. Dans l'analyse du « cas Landru », Francesca Biagi-Chai met en lumière la difficulté d'appréhender la psychose. Ceci dit, elle pose aussi la question de la place de la maladie mentale dans notre société. C'est précisément cet aspect sociétal que je souhaite questionner dans ce témoignage.

Connaître le fonctionnement mental d'un individu, comprendre les signes qui peuvent alerter d'un trouble concerne le domaine de la psychiatrie du soin spécifique. Actuellement, il me semble que la psychiatrie ne dispose plus de moyens suffisants pour assumer ce rôle. Notre époque est traversée et dominée par un changement de rythme ; rapidité et efficacité se soldent dans ce domaine de la thérapie par une régression de la prévention, parce que justement, la temporalité, élément majeur du soin en psychiatrie, est trop négligée et contestée. Rencontrer un patient, l'écouter, lui permettre d'élaborer sa souffrance

Les psychiatres qui se sont le plus intéressés aux passages à l'acte (Gaëtan Gatian de Clérambault et Paul Guiraud) ont mis en évidence des phénomènes de rupture du sens où surgissent automatismes et immotivations. La psychanalyse a introduit le déchiffrage des motivations inconscientes en recherchant du côté de la causalité. Page 58, Francesca Biagi-Chai démontre comment, à travers une hyperactivité, Landru n'arrête pas de défaire et refaire tout ce qu'il commence. Il reste toujours une ébauche vidée de toute réalité. Sa famille le croit sur parole, tel un caméléon, il a l'art de s'adapter aux circonstances, et de construire l'argument adéquat. A aucun moment la question de la vérité ne l'embarrasse. Cette étonnante plasticité l'empêche de se confronter aux exigences économiques.

demande du temps ; les raccourcis ne sont pas toujours judicieux, ils se privent de détails pertinents.

« D'où ça part » va nous aider à retrouver le signifiant exilé qui peut indiquer le seuil, trouver la limite. La clinique met en évidence ce qui fait signe et se répète en dépit de la modernité et des époques. Elle permet de repérer ce qui, invariablement, sollicite la pulsion, reste consubstantiel à la vie et à la mort, inscrivant des limites, des impossibles, ce que Lacan nomme la castration. Acte clinique qui nous préserve de la folie meurtrière en assurant par là même la prévention.

Dans l'esprit et le prolongement de cette recherche va s'inscrire la question des mères et celle de la femme. Ces questions vont bien entendu interpeller le père. Pourquoi Lacan insiste sur cette fonction de la nomination, cet aspect du prononcé de la loi par le père et par l'institution, si ce n'est pour nous faire entendre comment le désir se faufile au gré de la rencontre, tisse son lien, impose sa loi. Notre degré de liberté reste tributaire de ce processus mental !

Dans un passage sublime concernant la « signature », Anne Durand[7] évoque la question de la loi et du désir. Il s'agit d'un livre captivant, riche en informations : *L'amort dans l'âme. Enquête à propos de l'étrange signature de Michel-Ange sur sa Piétà...* En soulignant l'absence du

---

7 DURAND Anne, dans *L'amort dans l'âme*, évoque avec la symbolique de la signature la fonction de nomination, l'absence où se reflète la difficulté de concilier le désir, la loi. A propos de la perte, elle met en évidence comment « ce corps-signé » de la Piétà tournait autour de cette question de la mère dont la perte ne permet plus d'apprivoiser l'absence du nom du père.

père, elle montre combien le chemin est difficile pour concilier le désir, la loi et l'interdit. Cette expression a résonné dans mon texte ; j'y ai souvent commenté les effets dommageables de certaines absences.

Faux Pas ou l'équivoque

L'équivoque ouvre d'emblée sur différentes interprétations. Du jeu de mots au sens commun ou particulier, il nous fait entrevoir, outre l'ambiguïté, la complexité qui recouvre ce terme. Rappelons que nous sommes dans le registre du passage à l'acte du plus banal au plus dramatique !

Deux hypothèses sont possibles : « Faux Pas » chuchote à la fois l'interdit, la transgression. Il serait alors de l'ordre du trébuchement qui peut entraîner la chute. Pour le sujet en face – Luc auteur de Faux Pas, que nous retrouverons plus loin –, ça ne fait pas de doute, ce n'était qu'un faux pas, pas grave, mais un acte qu'il n'a pu réprimer. Du registre de l'interdit de la transgression, Luc va parler avec accablement, il l'exprime en ces termes : « je sais je n'aurais pas dû… Il ne fallait pas que j'y aille, que je suive les autres… » Certes la faute résonne, d'où vient-elle ? Quel signifiant a animé la pulsion ? Il dit encore « je n'aurais pas dû les écouter mais j'ai suivi, je n'ai pas pu faire autrement c'était plus fort que moi ! » Qu'est-ce qui a manqué pour contrarier la pulsion ? Ces termes « c'est plus fort que moi », nous les retrouvons régulièrement pour parler de l'inconcevable, mais surtout du manque ou de l'effacement de la règle.

Outre ces explications, pour aller dans le sens de la théorie qui scrute le sens, il y a dans « faux pas » un échec de la prise de la loi dans le signifiant.

Dans « faux as » se signe la faille, le défaut où la loi ne peut faire coupure pour disposer de l'interdit, elle vient s'incarner dans le corps qui met en acte. On peut aussi l'écrire de cette façon : « le faux pas » au lieu du « faut pas » faute de pouvoir s'inscrire dans le registre symbolique de la faute (registre de la culpabilité du Sur-Moi) ; il va mettre en acte corporellement, céder dans la transgression voire la jouissance. Jeu tragique entre la faute et le faux pas, entre l'interdit et le passage à l'acte comme la mise en acte de l'impossible symbolisation du « faux pas ». Qu'est-ce qui fait barrage au signifiant de l'interdit ? Que manque-t-il ?

L'écriture met en évidence ce qui différencie la symbolisation : entre faux pas et faut pas, on pourrait dire qu'il y a ce T qui passe sous le X qui se met à se taire, dissimule l'interdit, élude la faute en lui donnant la légitimité insignifiante du « pas de côté ».

Mettre sous X, cela peut vouloir dire masquer l'origine, c'est du côté de l'innommable, là où Lacan situe la prise du réel sur les corps et sur les noms.

« Faux Pas » parle à la fois du corps et de la loi, de leur impossible prise ici dans les deux registres. Ce qui fait traumatisme va s'illustrer dans l'enchaînement des passages à l'acte, du plus simple au plus grave.

La rencontre avec l'auteur de l'expression « FAUX-PAS »

J'ai donc rencontré l'auteur de « Faux Pas » dans le cadre de ma mission d'expert ; le lieu était hautement symbolique : la prison dont il était le locataire.

Dès le départ, j'ai la sensation d'une mission impossible. Comment ne pas être impressionnée d'être là dans ce lieu clos qu'est la prison. Au-delà de la symbolique qui l'accompagne, elle évoque au sens propre et figuré l'enfermement. Est-il possible de s'en sortir ? Bien sûr, il n'est pas question de l'évasion au sens physique, mais de trouver une autre solution à cette dynamique transgressive responsable sans doute de cette privation de liberté.

Première difficulté pour moi, non dépourvue de sens, c'est d'y rentrer en ma qualité d'expert. Je dois montrer « patte blanche », c'est-à-dire la feuille sur laquelle figurent mon nom, ma profession, symbolique, qui désigne ma mission.

Autre étape non moins symbolique, la rencontre avec le gardien et son trousseau de clés, aussi impressionnant que la hauteur des murs ! Cette ambiance austère questionne ! C'est une épreuve humaine dure et particulière de vivre dans ce milieu carcéral hostile, l'espace de vie exigu confine souvent à la violence, la folie ! Quelquefois aussi à la création !

Le gardien me conduit à l'endroit – fermé et réduit – où va se dérouler l'entretien. Seule note originale dont la musicalité bruyante dégage quelque chose d'humain, c'est la manipulation de cet énorme trousseau de clés. Son mouvement répétitif, cadencé, sur le mode de la pulsion, ouvrir fermer, trouver la bonne clé, vient égayer ce cadre plutôt lugubre.

Le gardien m'amène le détenu menotté, et nous nous installons dans un box destiné aux entretiens, un bureau, deux chaises, pour le décor et les besoins de la mission, et me voilà face à Luc. Je demande à ce qu'on lui enlève les menottes, et prends la responsabilité exigée par l'administration de cette demande. Un moment silencieux s'écoule où nos regards se soutiennent avec chacun, sans doute, des préoccupations différentes. Je ne peux m'empêcher de réfléchir à ce qui va se passer : j'imagine deux cas de figure : soit le refus de l'entretien accompagné du cortège de résistances, de justifications personnelles, voire de violence, soit une adhésion spontanée comme si cette rencontre allait atténuer sa solitude, et lui permettre, avec la parole, de déposer un fardeau, de se libérer un moment.

Ce fut la deuxième hypothèse qui va nous donner le privilège d'un discours authentique, voire émouvant

A ma première et banale question : qu'est-ce qui s'est passé ?, baissant tristement la tête, l'énoncé de « faux pas » fuse en réponse comme le signifiant de l'imparable. Pour lui, ce sera la faute, la culpabilité et la détresse. Pour moi, j'en ferai le titre de cet écrit. Son histoire s'inscrit dans celle d'un groupe bien structuré sur le mode du « hors-la-loi ». Influencé par un copain d'infortune, celui-ci a su lui transmettre l'idée qu'on pouvait gagner de l'argent sans travailler, et, de surcroît, vivre une aventure extraordinaire voire romanesque ! Luc se trouvait en échec scolaire, relativement libre de contraintes, peu d'ardeur au travail, il fut vite séduit par cette proposition. Il va nous livrer sa crédulité en imaginant qu'il allait disposer d'une certaine somme d'argent, qu'il pourrait ainsi aider sa mère en grande difficulté financière, s'acheter une voiture et réaliser ses projets ! L'absence de référence à la notion de travail, en tout cas à un idéal plus valorisant, laisse présager le flou du système identificatoire.

Histoire du groupe des « Dix mercenaires »

Ils étaient dix à participer à un acte de délinquance : un braquage de banque qui va mal tourner. Ce qui les a réunis au départ, outre la problématique socio-économique, c'est le caractère revendicatif, transgressif, hors la loi. Issus de couples dissociés, mères seules en grande souffrance, ils avaient tous un passé d'errance (révoltes, protestations) où l'échec scolaire prévalait.

La symbolique n'était pas neutre, attaquer une banque c'était s'approprier de l'argent – valeur fondamentale d'échange d'une organisation sociale –, prendre des risques. Ils avaient en commun cet esprit de prendre, de s'accaparer un bien selon une modalité illicite. Ils partageaient avec hargne cette volonté de s'engager dans un combat comme une revanche à prendre. Ils avaient un mépris d'une réalité qu'ils ne pouvaient pas accepter (injustice, vengeance, échec.) Ils avaient à régler quelque chose de leurs histoires qui les avaient profondément blessés.

Dans l'analyse plus détaillée de certains cas sélectionnés, cette problématique de l'argent va ouvrir sur l'intime de leur histoire.

L'originalité démoniaque de ce groupe, c'est qu'il pouvait être représentatif d'un groupe social banal. Son organisation confirme la nécessité d'une structure pour faire exister un projet. Ils avaient mis en place un système hiérarchique bien réfléchi avec distribution des rôles et des fonctions. Il y avait un « chef », la tête pensante ; c'était lui qui avait imaginé et préparé le système d'attaque. On va le nommer Jym. C'était vraisemblablement le plus intelligent ; doté d'un physique agréable, son assurance audacieuse « faisait loi ». Il dégageait un pouvoir de fascination qui va retentir sur les autres du groupe.

Cette fonction de leader qui lui était assignée comme celle d'un père qui décrète, représente une autorité, il l'assumait « glorieusement » comme si elle le renvoyait au ratage d'une identification, révélatrice des failles de la fonction paternelle dont il s'était exonéré. Dans ce groupe, son autorité était indiscutable, il se faisait respecter comme un chef ; sa manière de donner des ordres faisait régner un climat de peur et de soumission. Toutefois, il était secondé par deux comparses qui venaient étayer le système de réflexion, de mise en pratique des consignes exécutoires. Charly et Rémy étaient intelligents, capables de le seconder dans les opérations délicates, mais pouvaient aussi être en rivalité avec le pouvoir du chef. Plus vulnérables sur le plan de la personnalité, notamment sur les questions de commandement, de maîtrise du risque, l'inquiétude parasitait leur comportement. Les autres étaient des exécutants dociles et actifs dans l'exécution des tâches ; on leur demandait surtout d'obéir aux consignes, d'être rapides, courageux, sans états d'âme. Parmi les subalternes, certains pouvaient prendre le relais des opérations dirigeantes. A certains moments, le climat était tendu, une discipline féroce perturbait et pouvait faire basculer le projet.

Pour pénétrer ce système groupal, comprendre les motivations, les phénomènes qui les agissent, repérer les signifiants qui les représentent, excitation, passivité, inquiétude, besoin de contacts corporels, regards qui surveillent, parfois arrogance, etc., j'ai choisi d'aller plus loin dans l'analyse de quelques participants. Je vais donc aborder la dimension clinique par l'intermédiaire de l'histoire personnelle de quelques cas.

Luc auteur de « FAUX PAS »

Luc a rencontré le leader de ce groupe à une période où il était particulièrement vulnérable. En échec scolaire accentué par un conflit avec un enseignant, il avait abandonné son projet initial de scolarité (il voulait faire une école d'ingénieur, pour faire plaisir à sa mère). Déçu, ruminant sa déception, désabusé, mais peu enclin à l'effort, il a été une proie facile pour le recrutement à ce projet « fou » qu'il critique après coup.

Luc est le « petit dernier » d'une fratrie de trois enfants. Le milieu est dissocié, le père a quitté le domicile alors qu'il avait 9 ans. La mère se retrouve seule pour élever ses trois enfants. Il est très réticent pour parler de ce père absent. Cependant, l'affect qui accompagne ses propos exprime des sentiments d'angoisse, de colère, de doute. Il rend responsable ce père d'une situation financière difficile (pas d'argent). Luc se sent « laissé en plan », ce qui accentue les conflits de cohabitation dans le milieu familial. Le personnage qui suscite beaucoup d'émotion et paraît le plus important, ce sera d'abord la mère. Lorsqu'il parle d'elle, la voix s'assourdit, l'expression corporelle traduit l'impuissance, il se prend la tête entre ses deux mains comme si ses pensées se centraient sur sa mère ; j'eus l'impression qu'il se recueillait sur un lien particulier.

La voix en tant qu'objet partiel est le support d'où s'extrait le signifiant porteur de sens. Si la sonate maternelle est invitée au voyage, c'est bien qu'elle reprend ce qui a été chanté, et qui renvoie au signifiant du Nom-du-Père. C'est ainsi qu'elle ouvre à ce qui anime son désir, et va favoriser la rencontre, avec la sexualité. On pourrait dire à ce sujet que ce qui se perd dans la voix, c'est quelque chose de la maîtrise d'une jouissance émotionnelle archaïque rattachée à ce lieu : « d'où ça part ».

Son discours est un réquisitoire sur la solitude de cette mère accablée par le travail ingrat de femme de ménage, dépassée par le problème éducatif de ses enfants. Elle n'était pas disponible pour faire respecter la loi. Or, nous savons que la mère est ce premier autre qui pose une limite et inscrit de ce fait la première castration qui fait loi. Certes, la notion d'interdit, de la règle était sous-jacente dans son discours moraliste, mais Luc semblait prisonnier d'une loi méconnue, non inscrite, celle du père.

L'autre personnage de la fratrie qui va susciter d'autres émotions violentes, c'est son frère aîné. Visiblement, il y a entre eux un conflit de rivalité qui débouche sur la violence, voire la haine. A propos des conflits fréquents qui perturbent le climat familial, il dit : « Je ne comprends pas pourquoi il m'agresse ainsi, c'est toujours à table que ça commence ; si parfois je prends sa place, il me foudroie du regard et me pousse afin de me faire dégager, pourtant je lui laisse sa place d'aîné. Je ne supporte pas son autorité, il n'est pas mon père, je n'ai pas d'ordres à recevoir de lui ! » Ces propos dits avec véhémence comme pour voiler ce qu'il ne veut et ne peut supporter parlent bien d'une question de place. La suite de l'entretien va compliquer la désignation de la place convoitée qui n'est sans doute pas que celle d'être le plus aimé de la mère, de celle-là il semble assuré.

Il s'agit sans doute de la place du père. Or, celle-ci est vacante, il le sait puisqu'il l'a connu. Par contre, il a peu de souvenirs relatifs à ces moments où il était présent, sans doute était-il déjà absent pour lui ? Cette rivalité ici pourrait être l'émergence du conflit interne, du refoulé qui concerne les compromis douloureux face aux renoncements. Il est possible que cette absence du père, cette place, représentent pour Luc une souffrance, des inquiétudes dont il ne peut pas parler ?

C'est cet aspect du conflit interne, dynamique de vie, que Piera Aulagnier[8] souligne dans *Les destins du plaisir*. Elle évoque la puissance du symptôme qui est une tentative d'amadouer l'échec pour négocier la distance entre aliénation-amour-passion.

Dans ce conflit qui se répète avec ce frère aîné, Luc va poursuivre à son insu une quête bien compliquée, relative à son existence : qui est-il, d'où vient-il ? C'est au cours d'une dispute particulière qui vise son physique que se déclenche une bagarre. Les coups portés par son frère visaient le visage comme s'il voulait dégrader une image. Un oncle, le frère de la mère qui vivait avec eux, va les séparer. Il dit à Luc : « Mais, tu ne vois donc pas qu'il est envieux de ton physique, tu es grand, il est petit, tu es beau gosse, il a un visage ingrat ! »... Poursuivant ses explications après avoir séparé les deux frères, il reste avec Luc et laisse échapper un soupir qui résonne fort, sur le mode de l'impuissance : « Ah là là ! » Il regarde intensément Luc sans rien dire comme s'il scrutait une image.

Ce silence, on l'a compris, interroge l'échange de regards. Il évoque vraisemblablement un savoir

---

8 AULAGNIER Piera, *Les destins du plaisir. Aliénation-amour-passion.* Elle nous fait entrevoir le phénomène d'aliénation qui traverse ces sentiments ; la force aliénante, comme l'objet investi passionnément ont l'étrange propriété de satisfaire conjointement les visées d'Eros et celles de Thanatos : ils rendent ainsi possible une précaire intrication pulsionnelle qui offre un moment de trêve au conflit identificatoire. La passion n'est pas simplement un excès d'amour, elle comporte *un changement qualitatif*, elle transforme ce qui aurait dû rester objet de plaisir et objet de demande en un objet qui vient prendre place dans la catégorie du besoin, avec ses exigences !

mystérieux. Luc n'est pas dupe, il a saisi le changement de tonalité chez cet oncle ; il fixe ce regard qui semble voiler une vérité, le questionne, il veut savoir : « qu'est-ce que tu caches dans ce "ah ! là là", mais dis-moi ? » Pour toute réponse, l'oncle balbutie en secouant la tête : « Qu'est-ce que tu lui ressembles ! » Ne comprenant rien au caractère évasif et ambigu de cette réponse, Luc insiste : « mais à qui ? » « Demande à ta mère, moi je ne peux pas te le dire. » Ces propos de l'oncle véhiculent l'équivoque et questionnent le sens de cette expression très personnelle : « Ah là là ! » La tonalité du discours peut s'entendre comme la concentration d'émois, de secrets qui viennent là suggérer la difficulté de mettre des mots, de trahir une histoire intime.

Mis en demeure de s'expliquer sur l'énigme comme le demande Luc à son oncle, on voit apparaître un autre sens : celui de délivrer le sujet d'un secret sur ses origines ; d'autres sens apparaissent, ceux de la solitude, de l'abandon. Comment dénouer ces signifiants refoulés si ce n'est par la parole qui met en œuvre le système de questionnement et donnera de ce fait un sens nouveau à l'énigme, sûrement au plus près de la vérité du sujet. A ce moment de l'entretien, Luc est bouleversé, saisi d'émotions contradictoires, colère, tristesse, comme si cette expression de l'oncle faisait surgir de l'ombre une autre vérité. Il ne va pas tarder à questionner sa mère.

Dans un échange émouvant, sa mère va lui faire un aveu sur sa filiation ; il n'est pas le fils du père dont il porte le nom. Perdue, déstabilisée dans sa solitude, elle tente de justifier son histoire, et aussi sa faute ; il est né d'une rencontre avec un homme qu'elle a beaucoup aimé, mais qui n'a pas pu le reconnaître. Elle lui confirmera sa ressemblance avec cet homme qu'a connu cet oncle.

Cet épisode de l'histoire de Luc suggère l'émergence du signifiant « voix » ; comment ce dernier a opéré pour faire advenir un sens caché. Il révèle par là même les failles de la fonction paternelle. On peut se poser la question ici de ce qui a fait défaut puisque de père il y en a deux. Etant donné le lien que Luc entretient avec sa mère, c'est sans doute le désir de la mère qui transparaît et fait signe chez Luc. Néanmoins, la question de la reconnaissance le préoccupe aussi, cette fonction qui marque, crée un espace où va pouvoir se réaliser la représentation, et sans doute l'acceptation de la loi.

L'originaire, nous dit Piera Aulagnier, *ne connaît et n'use que des émotions, des émois corporels pour se faire connaître, c'est par le mot, le signifiant qui nomme que l'être peut exister, cet espace est sous sa juridiction.*

L'histoire de Luc pourrait signifier celle d'un rendez-vous manqué avec le père ; ce qui a fait sans doute traumatisme, c'est un silence, une absence qui ne représentait plus la loi si ce n'est une loi ambiguë supportée par une mère en souffrance. Or, le Nom-du-Père, nous dit Lacan, comme marque d'un certain ordre, porte atteinte à l'équilibre s'il est en position de ne pas pouvoir nommer.

Pour Luc, « Faux Pas » illustre le dérapage : « Faut-pas » symbolisation de l'interdit, n'a pu agir devant la tentation de la proposition (braquage d'une banque),

« Faux Pas » l'a conduit en prison ? Par rapport à la question du père, est-ce du côté de celui qui ne l'a pas reconnu, mais qui a compté pour la mère ? Est-ce du côté de celui qui a été présent dans une indifférence qui ne peut faire borne, pour résister aux sollicitations dangereuses ? La réponse lui appartient dans la mesure où il pourra l'élaborer, ce qui sera important dans la perspective du jugement.

La culpabilité commence avec l'histoire, celle-ci est articulée aux personnages qui la constituent, aux émotions qu'ils dégagent. La cécité de la pulsion aux liens familiaux est entière, c'est la rencontre qui imprime et fouille dans les premières inscriptions afin d'y trouver la cause. On peut imaginer que pour la mère de Luc, c'est la rencontre avec le désir pour un homme qui a bouleversé sa situation affective.

L'histoire se déroule, elle va nous réserver un moment fort en émotions lorsqu'il raconte comment il a adhéré à ce groupe. Sa crédulité devant les promesses de Jym, le leader, l'appât du gain, les perspectives de projets grandioses n'ont provoqué aucune réserve, il adhère sans douter ! Il parle aussi de cette fascination qu'a exercée sur lui le caractère de Jym. Séduit par son physique et son discours, il n'a pu opposer aucune résistance.

Que s'est-il passé en lui devant ce personnage exceptionnel ? A-t-il vu un substitut du père idéal proposant de bouleverser l'existence au prix d'un risque inconsidéré qu'il n'a pas su anticiper ? Il retrouve devant Jym le sentiment ambigu qu'il avait éprouvé devant un prof de mathématiques qui l'avait d'abord séduit et ensuite humilié à propos d'une mauvaise note. « J'aimais bien l'école, dit-il, sauf les maths. Je n'aimais pas le calcul ça me bloquait, me donnait le vertige ! » Pourtant, la venue d'un jeune professeur remplaçant, qu'il admire d'emblée, aurait pu, semble-t-il changer la donne, jusqu'au moment où il est interrogé sur la leçon du jour qu'il n'avait pas apprise. Il sèche, proteste d'un hochement de tête, se campe dans un silence buté, ce que sans doute le professeur n'a pas supporté. Il est sévèrement réprimandé mais surtout invité à sortir de la classe. « Je me suis senti non seulement rejeté, moqué par les autres, j'ai décidé de ne plus revenir à l'école. » Rejeté, cette blessure l'avait beaucoup meurtri, elle a sûrement contribué à l'époque à l'arrêt de sa scolarité.

Il est soudain submergé par une émotion intense, il se prend la tête entre les mains, la secoue, frotte ses yeux comme pour masquer des larmes qu'il ne veut pas montrer, et dit d'une voix étouffée : « Maman me l'avait pourtant dit que je prenais une mauvaise route, mais ça été plus fort que moi ! » Ce « plus fort que moi » sollicite sans doute l'« Autre ». Cet inconscient démuni de paroles symbolisant l'interdit est une expression couramment employée chez les jeunes en situation de crise. Une façon de subir la force de la pulsion devant un plaisir immédiat qui ne trouve pas de frein parce qu'il n'a sans doute jamais été inquiété ou barré.

Qu'avait-elle dit qui ne pouvait être entendu, cette femme épuisée par le travail et les problèmes financiers. Elle ne disposait pas de suffisamment d'autorité pour faire entendre la loi. C'était plutôt sur un mode tendre passif qu'elle essayait d'inculquer à Luc, qui était son préféré, la nécessité de travailler pour gagner de l'argent.

Elle savait que dans son quartier, il y avait une petite bande de jeunes qui désertaient l'école et participaient à des actes malhonnêtes, mais elle ne semblait pas en connaître la gravité. Elle avait entendu des plaintes de certaines personnes du voisinage, peut-être des avertissements, surpris des mouvements suspects, des va-et-vient, des regroupements à certaines heures, mais elle ne pouvait pas imaginer que son fils puisse participer à ce trafic. Pouvait-elle entendre l'obscur sentiment de culpabilité. Son discours moraliste effaçait celui où la règle de l'interdit aurait pu le protéger de l'acte.

Cette faille maternelle illustre l'impact de ce qui peut arrêter ou favoriser l'escalade, la règle qui, si elle a pu être intégrée, va servir de butoir, de cran d'arrêt.

Son absence crée un flou, voire un vide où le principe de plaisir va se substituer à l'interdit qui ne peut s'énoncer en ces termes « faut-pas » : « ça suffit, non » pour arrêter le « faux pas ». La pulsion indépendante va nourrir la jouissance et précipiter le sujet à la chute.

Poursuivant l'histoire de ce groupe, je voudrais revenir sur ce moment de l'énoncé « maman ». LUC nous donne à entendre le malentendu d'avertissements qui n'accrochent aucune règle sérieuse, pouvant faire réfléchir et acter un stop. Sachant la prépondérance du langage comme condition de l'humain, c'est dans cette perspective que je réserve au mot « maman » un intérêt particulier.

Sur le mot maman

Ce mot habituellement réservé au domaine privé semble subir quelques modifications d'usage dans le social, comme si cette extension galvaudée du privé au social, exprimée parfois sans discernement, induisait l'effacement de l'archaïque. L'évolution de notre société semble introduire des substitutions qui en modifient le sens, reste à savoir quelles en seront les conséquences.

Ce mot ici est prononcé comme un appel qui fuse de l'intime destiné sans doute à réveiller l'origine du lien, ce rapport de proximité unique. Est-ce un mot convenu par la langue pour désigner celle qui donne la vie, préfigure de ce fait à l'attachement, est-ce un mot qui s'invente, désigne cette part intime de l'être qui crée le lien et l'imprime ? Comme le dit Pierre Bruno dans un texte intitulé « Mamans » : *n'est-elle pas le moule obligé de ce qui, du fantasme maternel, est prêté à la mère par l'enfant ?*

Ce mot « maman » nous fait réfléchir à sa fonction singulière, et aussi à sa toute-puissance sur l'être humain ; je constate aussi que cette toute-puissance dépourvue du sens protecteur peut s'avérer un désastre. « Maman » nous ramène sans doute à cette articulation au symbolique qui fait que c'est d'être pris par le langage que le sujet est obligé de perdre la jouissance première de son corps. C'est par l'intermédiaire de la parole, d'un dire qui sera peut-être frustrant, venant rompre le charme du corps-à-corps, que le sujet doit renoncer, et perdre quelque chose d'un plaisir immédiat pour s'ouvrir aux autres.

Cette loi humaine fondamentale inaugure la première castration symbolique qui, bien au-delà de la transgression, vient faire limite interne dans la réalité psychique. Cette notion de perte est vraisemblablement importante pour comprendre ce qui se passe dans ces passages à l'acte, ce qui les met en mouvement, l'impuissance à trouver une autre solution. C'est sans doute aussi là, dans cet instant de l'émoi, que se sont imprimées les blessures inhérentes à la perte dont il faudra retrouver la trace, comprendre le sens, et surtout, ce qui agit le sujet dans ces passages à l'acte. Reste ce moment de volonté qui, chez les uns (les névrosés), passe par la métaphore paternelle, et chez les autres (les psychotiques), par le symptôme autant qu'on peut s'en servir comme nom, mais au prix d'une désexualisation. L'espace conflictuel constructif, consubstantiel à cet appel « maman » dans le dénuement, rappelle l'inconditionnel référent à la vie, ce lien de dépendance avec ce premier « autre » : la mère. Quoi qu'il en soit, ce mot symbolique s'impose comme la traduction de quelque chose qui n'a pu être élaboré, ce sur quoi justement les adolescents viennent buter, précipitant avec leur violence les défaillances maternelles.

Pour Luc, ce mot « maman » résonne comme un appel du fond de la caverne, adressé à une femme nommée par lui, et restera source de confusion, d'ambivalence. Ce qui donne cette intonation, cette force à ce mot, c'est le moment, le lieu d'où il est prononcé, lieu où se réalise une frustration suivie d'angoisse d'enfermement. Dire ou parler « maman » plutôt que

« mère » n'est cependant pas anodin. Pour Luc « maman » reste le mot qui la désigne à l'intérieur de la relation, c'est la part intime du lien qui reste. Mère suppose une distance, c'est ainsi qu'on la désigne dans le social ; cela peut correspondre à une modification du lien, désolidarisé de l'affect, voire à un signe d'abandon, subi ou choisi ; c'est sûrement dans cette version que Jym a choisi le mot mère.

Comment s'affranchir de la tutelle des liens de soumission, domination, dont les conséquences retentissent sur l'évolution du sujet ? La clinique aide à clarifier les conditions extérieures, ce qui déclenche le passage à l'acte du sujet. C'est à ce niveau que les évènements nous font entrevoir comment l'enfant est pris, englobé dans la subjectivité maternelle, s'il peut s'en émanciper. L'histoire de Luc illustre parfaitement l'inefficacité de la loi comme conséquence de la fragilité maternelle, certes l'interdit était posé, mais il ne faisait plus autorité. Ces échanges d'une charge émotionnelle particulière font émerger du refoulé qui nous en dit long sur les épisodes premiers qui structurent la relation.

C'est d'ailleurs dans ce prolongement de repérage, de décryptage que va se situer la question des mères et bien entendu de la femme.

L'histoire de ce groupe de dix révoltés fuyant la réalité, ses contraintes, la scolarité et ses exigences, mettent en lumière comment ils ont presque tous évoqué ou appelé « maman », mais c'est leur histoire personnelle qui va donner à ce mot la tonalité d'exception ; toutefois ils utiliseront plus souvent l'expression : « ma mère ».

Dans ce registre de désignation pour chacun des personnes qui ont compté, « papa » est peu utilisé, c'est « mon père » qui reflète une distance, un accent plus neutre, qui va concentrer la plupart du temps beaucoup d'amertume et de nostalgie. A ce moment de l'écriture, je ne peux m'empêcher de constater qu'en premier lieu, ce sont les mères qui sont concernées par les passages à l'acte de ces adolescents en conflit avec la loi et les limites !

A propos du père

La question de sa présence ou absence dans la réalité n'est pas toujours catastrophique dans ce groupe, si ce n'est pour représenter et symboliser une loi. Ceci dit, ce qui œuvre en silence de l'ordre des non-dits génère d'autres ravages qui restent inaperçus. Il est très difficile pour certains d'en extraire les mots. L'insignifiance de la fonction et de l'homme s'exprime par un aspect trivial parfois caricatural. Aux questions qui restent sans réponse pour certains qui ont bien voulu nous en dire un peu plus, c'est souvent la question de leur origine qui les tourmente ; dès lors qu'ils ont pu savoir ou avoir des réponses sur : qui est le père, d'où il vient, ce qu'il fait, autrement dit dès lors qu'on lui parle de lui en termes valorisants, d'un homme qui a donné de l'amour, il peut y avoir de l'apaisement.

Ceux qui se distinguent dans le groupe : Luc, Charly et Rodolphe

Charly va nous faire vivre un épisode de cette bande sur un mode un peu différent, en lien avec l'originalité du personnage.

Tout d'abord, au niveau de l'entretien, ça va bousculer, déranger ; il supporte mal le face-à-face, c'est comme une intrusion dans son être. Ma position de femme en qualité d'expert ravive une violence proche de l'explosion, comme si ma présence rallumait les cendres d'un feu qui sommeille.

Il déverse d'abord tout un vocabulaire négatif de révolte, une violence à mon égard qui va induire une suspension de l'entretien. Il se ravise après une accalmie de la tempête intérieure – sa résistance au transfert cède –, il reprend le dialogue comme s'il avait compris que ma neutralité pouvait signifier une coupure, donc une autre rupture. Mon silence le gêne, il cherche un moyen de renouer en questionnant ma mission d'expert. Il me dit alors : « Mais vous n'avez pas peur là dans ce box (lieu fermé où ont lieu les entretiens) enfermée seule avec moi ? » Je ressens bien sûr toute la charge agressive à l'adresse de la femme.

Sans doute cherche-t-il une réponse à sa propre peur, mais aussi une réassurance ! Il me faut l'aider à pactiser avec cette pulsion intime qui le trouble. Je l'invite à parler de tout ce qui fait mal, ce qui alimente cette révolte, je lui dis simplement que je ne suis pas là pour le juger, mais pour entendre d'abord les maux de son histoire.

Il me dit spontanément : « Mais je ne suis pas malade ! » Je poursuis : « Ça serait peut-être bien si vous pouviez me dire ce qui vous a conduit dans ce lieu. » Progressivement, son corps se détend, il cesse les gesticulations corporelles, expression de ses peurs et de sa colère, il se redresse, m'accorde un regard très énigmatique accompagné d'un « bon, allons-y ! »

Si l'histoire de Luc soulignait avec insistance le signifiant voix, la puissance des variations que lui conférait le registre de la modulation, c'était sans doute pour lui permettre d'apprivoiser l'autre de la relation dans une traduction plus vraie de l'affect qui le submergeait. Dans un tout autre registre, chez Charly, c'est la question du **regard** qui opère, de l'ordre du dévoilement ; il touche à l'image – image manquante ? Il fait ressurgir du refoulé qui ne peut se parler.

Ces deux personnages nous disent à leur manière que la voix comme le regard ne répondent pas au besoin, objets partiels de notre corps, ils s'incorporent. Ils impriment des sensations qui vont orienter la dimension affective. Voir concerne l'organe, et se différencie de regarder qui a sa prise dans l'imaginaire du sujet. Charly me regarde, me fixe intensément, il y aurait beaucoup à lire dans ce message muet !

Cette plongée dans l'abîme de l'être que nous offre le regard nous confronte aussi à un paradoxe. L'évènement nous renvoie à la complexité des informations, le tumulte pulsionnel interroge : qu'en est-il de ces émois ? Est-ce angoisse, haine, amour, manipulation... ?

Cela paraît important pour lui de soutenir ce face-à-face qui a sûrement valeur d'une demande impossible.

L'expérience de rencontre avec Charly se poursuit et fait apparaître un apaisement sans doute inhérent à ce que j'ai pu incarner dans un rôle transférentiel ; ai-je pu favoriser de l'identification, induire un déplacement sans me présenter comme un maître ? *Faire le maître sans se prendre pour le maître qui veut dominer ou maîtriser* a sans doute pu opérer un mouvement d'ouverture.

D'un caractère désinvolte, un peu fantasque, il dit qu'il aime l'action, il a besoin de bouger, d'avoir des projets. Par contre, il supporte mal les contraintes scolaires, la discipline, il est toujours très affecté par les mauvaises notes et dépendant du maître. Pourtant, dit-il, si j'avais voulu, j'aurais pu réussir Que s'est-il passé ? De l'opposition avec une autorité a vraisemblablement été source de conflit ! Etre un intellectuel, quelqu'un de bien, cela ressemble à un rêve où les insignes, les titres avaient valeur de reconnaissance. Un silence ponctue ces propos, comme s'il touchait là à quelque chose qui se dérobe, faisant apparaître le manque, peut-être l'échec inavoué !

Il parle de sa famille. Il est le second d'une fratrie de trois enfants, se dit être le plus doué pour les études, mais ça ne l'intéresse pas, il a surtout envie de voyager et, pour réaliser cela, l'argent manque. L'argent est un autre signifiant prépondérant ; il infiltre d'une façon particulière ses histoires amoureuses et sexuelles.

Par contre, Charly va se buter dès que l'on aborde la question familiale du couple ; il a du mal à prononcer le mot divorce à propos des parents, comme si là se situait une blessure narcissique qui faisait encore mal, en tout cas soumise à des tourments. Sa voix se modifie sur un rythme saccadé à peine audible, il me laisse comprendre que ses parents sont séparés depuis longtemps.

Il vit encore au domicile de la mère avec ses deux frères avec qui il est complice, mais l'homme qui tient lieu de chef de famille n'est pas son père, puisque celui-ci est parti depuis longtemps ; c'est son beau-père, compagnon de sa mère, qui occupe cette place. Une émotion diffuse se manifeste à ce moment de l'entretien où se conjuguent le sentiment de jalousie et une certaine admiration pour cet homme qui est militaire. Il ne lui reconnaît aucun droit en tant que père, rejette bien entendu ses conseils, sa discipline, mais on sent qu'il modère sa véhémence à son encontre comme s'il voulait préserver quelque chose d'un lien sécurisant. Que représente cet homme avec un parcours professionnel valorisant à ses yeux ? Il est fort possible qu'il ait pu prélever sur ce beau-père un « trait unaire », insigne symbole de quelque chose de gratifiant qu'il peut s'approprier.

Par contre, il a des mots assez durs à l'adresse de sa mère : « Elle est assez mignonne, mais elle est bête et sait exploiter les situations, mon père, en fait, elle l'a largué » (*sic*). Le ton revanchard inaugure ce court extrait venu de loin parler d'une blessure narcissique dont il se sent concerné. S'agit-il d'un sentiment de trahison, d'abandon, il n'en dira pas plus sur cette mère qu'il ressent peu fiable.

La suite de l'histoire laisse entrevoir un secret de famille divulgué sous la forme d'insinuations blessantes par un ami de la mère ; ce dernier aurait été complice d'une rencontre qui aurait mal tourné. Est-ce de la fiction ou une production imaginaire ? Sur un ton vigoureux, il décrit une rencontre musclée de l'ordre d'un duel entre deux hommes à propos d'une femme, sans qu'il le précise, la femme en question semblant être sa mère, objet d'un règlement de comptes qui n'en finit pas, et résonne douloureusement en lui.

L'idéal maternel en prend un coup ! Dans ce duel, il y a un perdant et un gagnant. Lequel a pu lui servir de modèle ? Il semble évident qu'il se situe à un carrefour qui met en jeu des règlements de comptes complexes, où les places, objets de convoitise, entretiennent des sentiments d'angoisse de rivalité pouvant compromettre sa propre place. Il élude rapidement ces questions de place pour parler de la place qu'il occupe dans ce groupe de « hors-la-loi » où il se sent accueilli.

Sa voix résonne joyeusement pour parler de Jym, le chef de ce groupe. Celui-ci fait figure d'un héros fascinant à qui on ne peut pas résister. Pourtant, la suite de l'histoire va montrer les failles de son système. ***DE HEROS, IL VA DEVENIR CRIMINEL, ENTRAINANT DANS SON SILLAGE LES AUTRES DU GROUPE DONT LUI.***

Il est fasciné par ce personnage qu'il trouve beau mais surtout brillant intellectuellement. Il ne tarit pas d'éloges à son sujet ; il le dit doué, sûr de lui, capable de réfléchir à la logique d'une mission périlleuse, d'en décider la mise en acte pour faire aboutir son projet. Un mot revient souvent comme un signifiant égaré, c'est le mot « extraordinaire ». C'est à propos des femmes que ce signifiant requiert un sens particulier ; il les a toutes à ses pieds, dit-il, il lui suffit d'un regard, d'un baratin et c'est plié. Il rajoute d'une voix à peine audible : « Alors que moi je me suis fait planter ! »

« Planté, largué », ces mots résonnent, au-delà de la consonance, ils s'articulent avec l'expression qu'il a eue à propos de sa mère. La blessure narcissique, le rejet, le désamour pourraient être des invariants encore très actifs. Si le désir est le désir de l'Autre, que lui manque-t-il à lui pour être extraordinaire et séduire une femme ?

Ce signifiant « extraordinaire », je l'entends comme l'irruption d'un sujet qui vient épater dans une place d'exception. Cette posture questionne sans doute le rapport du sujet à la femme et probablement à la sexualité. Il va le répéter plusieurs fois en exploitant la modulation de sa voix susceptible de dévoiler quelque chose de son jardin secret. On peut supposer plusieurs sens à ce signifiant « extraordinaire », dans sa répétition. Ne s'agirait-il pas d'un désir d'appartenance à une catégorie de personnages plus ou moins fantasmés, en tous cas hors du commun ? Désir de s'extraire de la banalité afin de pouvoir se faire reconnaître comme un personnage fantastique, à l'abri d'une loi ? Il est possible que cette sensibilité inavouée recouvre tout en la dissimulant la nostalgie d'un père absent dont la blessure ne cesse de l'entamer. L'indigence des repères, le mépris des règles sont autant d'éléments qui ont dû accélérer le dérapage.

Aidée par un transfert conciliant, en tout cas plus détendu, je risque l'hypothèse que ce signifiant « extraordinaire » expulsé dans le discours d'un lieu où il était probablement inscrit n'est pas étranger à l'échec qu'il aurait subi récemment dans une histoire d'amour avec une femme ; il avait rencontré une femme qui l'attirait et lui plaisait énormément, sans savoir pourquoi, « j'y ai cru, j'ai fait confiance, mais très vite elle n'a pas supporté mon tempérament vif et nomade, elle est partie, sans me laisser d'adresse, comme on dit ! » Sous une forme déplacée, l'histoire ancienne le rattrape. Il retrouve sans doute les traces d'un amour maternel frustrant. A ma suggestion, son regard cède à l'énigme comme une invite à l'acquiescement.

La suite de l'histoire de ces dix « mercenaires » va accueillir Rodolphe avec qui Charly a une grande complicité. Séduit lui aussi par le projet de ce groupe et le mode de recrutement, l'appât du gain, il va mettre tout son savoir au service du chef.

Rodolphe est repéré par Jym chef du groupe, pour son intelligence ; il va être le partenaire désigné de « second », grade valorisant s'il en est. Par ailleurs, il est le second d'une fratrie de trois enfants. Ses parents se séparent lorsqu'il avait cinq ans ; il s'épanche peu sur le divorce de ses parents. Il est resté avec sa mère et voit son père de temps en temps. Apparemment cela ne semble pas l'affecter. Tout se passe relativement bien jusqu'au moment où sa mère rencontre un autre homme qui va venir habiter la maison. Cette épreuve va énormément le contrarier, elle sera vécue comme une trahison.

Cet homme, étranger en plus, va déclencher chez lui une violence incontrôlée, qui mènera à une séparation. L'ambiance familiale transpire le rejet, le conflit permanent, ce qui l'obligera à déménager.

Il quitte cette famille après avoir rencontré dans un bar une femme plus âgée que lui. Elle lui manifeste quelque intérêt, lui propose d'habiter chez elle, en lui demandant de participer à la gestion de la vie quotidienne. Il ne va pas supporter longtemps ces exigences, claque la porte et rencontre Jym dans un bar, lieu de rendez-vous du groupe.

Il est beaucoup plus atteint qu'il ne veut l'admettre par cet échec amoureux avec cette femme. En dépit d'une attitude désinvolte, ses propos sont empreints d'amertume. L'ironie l'aide à atténuer la blessure, sur un ton enjoué il s'exprime : « Oh, les filles, dit-il, après tout, ne m'intéressent pas, je suis mieux avec les copains, on est tous pareils ». Loin d'être convaincants, ces propos suggèrent avec la dénégation l'inconfortable situation face à la sexualité, et à sa propre virilité. « Les femmes, me dit-il sur un mode triste, nous demandent beaucoup trop, moi je n'ai pas pu satisfaire à leurs exigences, alors je suis parti. » Ce départ, il me semble l'entendre comme un renoncement, un constat, pourtant il y a chez lui de la nostalgie, une recherche, mais il ne peut en préciser la destination ! Vers quels horizons s'est-il dirigé, ou perdu ?

On retrouve souvent cette problématique chez les garçons au moment où il faut assumer les « restes » d'une castration en lien avec la première séparation d'avec la mère. C'est souvent un évitement de l'angoisse devant l'autre différent, une femme. Expérience première qui laisse démuni, étranger ou nostalgique ? L'appel amoureux passe par tout ce qui vient réveiller toutes ces sensations archaïques corporelles, inscrites très tôt au cours des premières relations duelles d'amour.

La fonction de leader

L'histoire de ces dix mercenaires va ici prendre fin avec celle de Jym créateur de ce groupe.

Jym, l'être « extraordinaire » considéré par ses camarades comme le « cerveau » du groupe, va se distinguer de plusieurs manières. Tout d'abord par son intelligence : il n'a pas fait de longues études, mais dispose d'un potentiel qu'il sait exploiter avec brio. Habile, rusé, il sait exploiter avec pertinence les opportunités d'une rencontre pour organiser à son avantage, un projet – toujours grandiose et scabreux.

Notre rencontre ne va pas être facile, soumise à des fluctuations intempestives où l'humeur oscille entre l'ironie, la séduction et la critique acerbe ; ce tumulte va nous conduire à la limite de l'échec.

Favorisé par un physique plutôt agréable, il impose d'emblée une attitude fière et assurée. Quand il me parle, le ton du discours est déterminé. Son regard, dur, me fixe comme s'il voulait me signifier que c'est lui « le chef » !

Pourtant, chez lui aussi, le signifiant « voix » est traversé de l'inscription archaïque maternelle qui le trahit. Il sait cependant exploiter avec talent cet héritage, non seulement pour séduire, mais surtout pour manipuler l'autre de la rencontre.

Tout se passe bien tant que nous sommes dans le registre narcissique de la présentation, ce sur quoi il sait s'appuyer. Notre échange est émaillé de tentatives de séduction ; provocateur, mais malin, il saisira vite les limites de ce jeu, conscient aussi de l'enjeu de la mission d'expert.

D'emblée il semble vouloir prendre les rênes de l'entretien ; il me parle de sa mère, très belle, issue d'une famille aristocratique, « elle a de la classe ! » dit-il avec fierté. Il poursuit sur le versant pseudo-sentimental, parfois naïf, sur son enfance, persuadé d'être « l'enfant de l'amour ».

Fils unique né d'une rencontre avec un père qu'il ne connaît que par l'intermédiaire d'une photo et surtout du discours maternel, sa mère lui aurait dit qu'il voyageait beaucoup et aurait été assassiné au cours d'un voyage à l'étranger. Comme cette hypothèse ne peut être vérifiée, j'en retiens le caractère magique, voire imaginaire transmis par une femme sans doute très éprise de cet homme, vite disparu de sa vie.

Ce discours maternel diffuse une puissance de conviction qui pourrait discréditer quelque peu le principe de réalité au profit d'un imaginaire débordant la réalité.

Pour Jym, cela ne fait pas de doute, il s'est approprié cette histoire sans remettre en question sa légitimité.

Un autre personnage féminin, étrange, a beaucoup compté pour lui, c'est sa grand-mère maternelle. C'est elle qui l'a pratiquement élevé et lui a imprimé le désir de savoir, notamment par l'intérêt accordé à sa scolarité. Il était bon élève, et semblait sensible aux encouragements de cette femme. D'origine russe, la réussite scolaire, la culture et la musique étaient valorisées. Il va réussir à l'école jusqu'au baccalauréat pour bénéficier des gratifications de cette grand-mère, mais surtout des avantages financiers que ce lien lui procure.

C'est sur un mode dithyrambique qu'il évoque les discussions que cette femme entretient avec lui. Elle lui parle entre autres, et surtout, du grand-père qui fut son mari. C'était, disait-elle, un personnage original, cultivé, musicien, passionné d'armes dont il aurait fait le commerce.

Intelligent, parfois violent, épris de voyages et d'aventures, il aurait disparu lui aussi au cours d'un voyage. Cette histoire quelque peu magnifiée, étrange, comme un rêve qu'il n'a pu réaliser, semble le fasciner, à la limite de la réalité, en tout cas elle alimente chez lui un imaginaire fécond ; fièrement il me précise qu'il a hérité de cette passion pour les armes et les voyages.

A ce moment de l'entretien, touché par ses propres paroles, le ton de sa voix s'assourdit comme s'il lâchait là du refoulé ; quel signifiant – vecteur magique – s'est incorporé ? Il semblerait que quelque chose de cette grand-mère revient à la surface, lui fait éprouver ce caractère fantasque qui, jadis, l'a séduit. Il semble attiré par ces évocations comme si elles étaient les vestiges d'une histoire où réel et imaginaire se confondent. Cette femme qui revendiquait un titre de noblesse pas très crédible a néanmoins partagé avec cet homme, ce grand-père, une vie matérielle très confortable grâce à un patrimoine dont elle ignorait, dit-elle, l'origine. Toutefois, l'épuisement de ce patrimoine entraîna des restrictions financières dont il subit, lui aussi, les conséquences.

« Je garde, dit-il, de cette femme hors du commun l'empreinte d'une nostalgie, la tristesse d'une femme blessée, sans doute trompée par un mari séducteur. »

Le roman de cette famille va se déplacer sur la mère de Jym dont il ne tarit pas d'éloges. Il souligne avec une certaine jouissance l'esthétique de cette belle femme. Il insiste moins sur le versant culturel et intellectuel, elle ne travaillait pas, vivait de ses rentes. Une autre séquence au vocable plus mélodieux, se fait messagère de quelque chose qu'il ne faut pas aborder. Ce caractère mystérieux m'intrigue, je me demande si nous ne sommes pas dans le domaine intime de l'interdit, de l'inceste par exemple ! Cette voix suave, un ton plus bas, semble soumettre le corps à une émotion qu'il ne peut dissimuler.

Après un silence, il reprend le discours sur sa mère. Il souligne la relation fusionnelle, qu'il dit idyllique, son regard exprime une jubilation enfantine. Il dira d'ailleurs qu'il a longtemps dormi avec elle. Néanmoins, cette fascination que suscitent sa beauté, son corps est troublante. Il parle aussi de l'argent, dont il bénéficiait, mais de sa provenance, on ne saura rien de plus si ce n'est qu'il provenait de l'héritage !

Il semble éprouver une certaine jouissance à revenir sur les conditions de vie de la famille. Ils habitaient dans un domaine familial, héritage des grands-parents. Ses explications toujours évasives entretiennent le doute quant à la véracité des propos, surtout dès qu'on aborde les questions d'argent. Ce signifiant « argent » concentre et recèle probablement l'élément organisateur de son système de vie.

Très sûr de lui, conscient de son pouvoir de séduction, les affects restent néanmoins très superficiels : « J'aime les femmes, surtout les séduire, après elles ne m'intéressent plus, je ne m'attache pas. »

Particulièrement imprégné de cette relation maternelle, du discours un peu extravagant qu'elle lui fait partager, notamment en ce qui concerne sa vie sentimentale, sa mère, dit-il, avait du succès auprès des hommes, mais lorsqu'elle rencontre celui qui deviendrait son père, elle est séduite et va vivre une belle histoire d'amour.

Pourtant, il y a eu de la désillusion puisque cet homme qui lui avait promis le mariage partit en voyage sans jamais revenir. Jym parle de cette histoire comme si elle relevait du roman que lui-même reprend à son compte. Toutefois, sa mère l'a élevé dans le culte de cet amour quelque peu irréel, aidée financièrement par sa famille.

Il est intéressant d'observer qu'il n'emploie jamais le mot « maman » pour parler de cette mère, à l'inverse de certains de ses comparses, pour eux, ce sera « maman » qu'ils nommeront comme dans un appel ! Pour lui, il prononcera avec fierté le mot mère, mais peut-être que c'est aussi sa façon de s'imaginer en couple avec elle dans un climat d'ambiguïté ?

Elle a beaucoup insisté pour qu'il poursuive des études, ce qui lui était conseillé à l'école, mais peu doué pour l'effort et les contraintes, il s'oriente très vite vers le système « débrouille » et la marginalité. Pour lui son ambition était ailleurs.

A ce niveau de l'entretien où il faut aborder les questions plus indiscrètes : les faits pour lesquels il est incarcéré, ses moyens de subsistance, ses relations étranges, la provenance de l'argent pour organiser le braquage, il « voit rouge » se fâche refuse de répondre, il se sent coincé au sens propre et au sens figuré.

Après une interruption, il accepte de poursuivre, il reste néanmoins réticent, refusera de donner certains renseignements. Ceci dit, le langage corporel est parfois très éloquent : c'est avec beaucoup de finesse qu'il s'aperçoit lui-même que, très souvent, son corps qui ne peut mentir prend le relais de silences évocateurs.

Par contre, il défend ses complices comme s'il voulait les protéger, tout en niant son influence sur le groupe. La culpabilité au sujet de la personne sur laquelle il a tiré, par erreur dit-il : « Je voulais le distraire, lui faire peur », ne l'accable pas outre mesure.

On revient sur la question de l'argent. Il déverse tout un réquisitoire sur le capitalisme. Il est haineux sur les « grands patrons » qui monopolisent l'argent, et surtout à l'égard des banquiers : « Ce sont des voleurs qui s'accaparent des richesses, et refusent les aides aux démunis ». Il est très excité, parle très fort, baisse les yeux, comme s'il s'adressait à quelqu'un d'autre et réglait ainsi un compte ! Il sera très difficile de le ramener à son histoire, notamment sur les questions de l'argent, de l'héritage familial et de ses conditions de vie !

Héritage, ou argent gagné ? C'est la confusion pour expliquer et identifier la provenance ? Vient le moment où il relève la tête, me lance un regard haineux pour me signifier : « Je n'en dirai pas plus ». L'argent, si ce n'est pas un problème pour lui, reste un élément mystérieux mais déterminant dans son système de vie.

Si je ne peux vérifier ses affirmations, quelques éléments signifiants ont pu émerger à travers le dialogue. Retracer son itinéraire, l'organisation signifiante de sa vie, met en évidence la difficulté de se construire à l'appui de modèles flous, instables, faillibles et un peu fantasques. Ses choix dépendent en grande partie de ce contexte. L'analyse reste laborieuse et énigmatique.

Jym a vécu la plupart du temps sous l'emprise du « principe de plaisir », au détriment du principe de « réalité ». C'est dans un univers de femmes où les hommes sont nommés, dans leurs imaginaires, mais assez évanescents quant à leurs rôles et leurs fonctions, qu'il a évolué.

Le mode de vie est flou, on ne sait rien de concret sur l'argent hérité ou gagné. Cet héritage dont il est fait mention par Jym relève-t-il d'un mirage, d'un fantasme ayant pour but d'occulter une réalité moins idyllique ? Cet insigne aristocratique dont il se réclame, est-ce mythe ou réalité ? Je fais l'hypothèse que Jym s'est construit sur des bases mouvantes, fragiles, dont les repères restent confus.

Imprégné du discours de ces femmes qui l'ont entouré, comblé, son éducation a manqué de règles, de contraintes. L'inconsistance des assises narcissiques a sûrement provoqué, avec la chute d'un idéal fantasmé, ce glissement vers l'illégalité entraînant le passage à l'acte dramatique.

Sa faille, c'est l'absence d'une loi humaine, d'une instance tierce, qui aurait pu faire coupure à ce courant pulsionnel et passionnel qui altérait la réalité de sa jouissance débridée.

On pourrait interpréter aussi les évènements de cette manière : trop comblé, pas de manque, pas de contradictions, le réel l'a rattrapé lorsqu'il a appuyé sur la « gâchette » de l'arme qu'il possédait. Surpris par la faille de son système de contrôle, le réel l'a désarmé dans son être, et a armé le geste fatal.

Exempté d'une loi qui le barre, l'arrête, le contraint, il a franchi la limite pour passer du côté du hors-la-loi. Est-il responsable de son acte ? Sans doute. A-t-il eu le choix pour orienter autrement son geste ? Probablement ! Ceci dit, le passage à l'acte ne vient pas toujours essentiellement de l'histoire, mais aussi des « circonstances ».

Dans ses propos, retentit le sentiment d'une vengeance à la mesure d'une frustration qu'il n'a pas su exploiter. Sa violence est articulée à la haine, cette haine de l'Autre en soi, parce que sa propre origine lui échappe. Ayant vécu dans cet univers de femmes, où les hommes sont peu présents, avec des femmes n'ayant sûrement pas réglé la question phallique de leur être de femmes, il a été l'objet comblant ; elles n'ont pu de ce fait l'aider à devenir « sujet », indépendant de leur tutelle.

Il semble qu'ici la transmission générationnelle de ces deux femmes privilégie le désir pour l'homme aimé. Leurs histoires d'amour étaient vécues selon l'intensité d'émois passionnels au détriment souvent de la réalité. Cependant, on peut penser que le temps vécu de la passion amoureuse les avait détournées de « l'enfant roi » que représentait vraisemblablement Jym. Ce temps suspendu, même bref, a pu lui permettre de s'absenter, provisoirement, de ce lien ! A-t-il pu l'exploiter ?

Le désir ici, dans sa mouvance, pourrait avoir pour fonction de constituer un rempart contre la folie en créant un espace pour disjoindre ce trop de jouissance. Autrement dit, pour ces femmes, l'enfant n'a pas été le seul objet d'amour ; il y a eu du désir pour un homme, en l'occurrence « un père ». Nous verrons plus loin, dans un autre chapitre, l'incidence de ce lien désirant dans la structuration et l'évolution de l'enfant.

Sur l'issue de cette expérience de groupe

Cette expérience, hors du commun, n'a été possible qu'en fonction de la mission demandée par la justice dans le cadre de l'expertise. C'est ainsi que j'ai pu rencontrer ce groupe – des dix mercenaires – emprisonné à la suite d'un braquage de banque qui s'est soldé par un drame.

J'ai évoqué ce qui les réunissait : d'abord l'argent, et le caractère fantasque. Viennent ensuite l'échec scolaire, le caractère désordonné, instable, le mépris des règles et une violence qui s'exprimait différemment comme nous l'avons vu dans quelques cas particuliers. Ils partageaient une revendication haineuse violente, à l'adresse de la société, de l'argent, élément organisateur du système. Ils exprimaient à ce sujet une critique virulente sur le capitalisme. Ils se sentaient floués, incompris, comme dépossédés de quelque chose qui leur était dû, sans pour autant trouver les mots pour une élaboration contradictoire qui pourrait s'argumenter.

« Ce n'est pas ma faute j'ai la haine ! » Cette expression, revient souvent dans les discours. Jym l'a reprise à son compte et, d'une voix tonitruante, il fait entendre cette phrase : « Je hais cette société de merde qui nous exploite et récupère le fric ». Cette accusation met en évidence sa propre haine, qu'il ne peut reconnaître. Le miroir est trop opaque pour lui, qui n'a jamais gagné d'argent. Il s'enferme dans cette contradiction jusqu'au meurtre.

Sur la haine

Cette haine traduit différemment les émois de chacun selon les histoires qui les distinguent, mais elle a néanmoins, le même point d'origine, une cause qui la met en mouvement : une frustration, un rejet du déplaisir. Pourquoi cette haine vient nous surprendre avec cette charge haineuse que nous voudrions extérieure à nous ? Elle interroge, comme si nous pouvions en être l'objet ou la victime, mais nous ne pouvons l'empêcher d'exister.

Elle est là dans notre vie au quotidien, nos colères, nos joies, notre agressivité, nos jalousies, dans nos arrangements, nos comportements. Le ton de notre voix donne sens à tous ces signifiants inscrits en nous. Ils nous font donner la réplique aux frustrations, aux contraintes de la vie. Qui est-elle ? D'où vient-elle ? La haine est en premier lieu véhiculée par le langage, elle survient dès que l'autre interfère, souvent pour contrarier nos projets, rappeler une règle qui nous dérange. Nous voudrions bien nous en débarrasser en même temps que de l'altérité de l'autre ! Mais elle a sa place !

Tous ces signifiants révélés dans les différents dialogues que nous avons eus avec ces dix personnages, c'est par l'intermédiaire de la parole que nous les avons repérés. Parler, c'est donc aussi déposer les insignes de l'autre en soi (en l'occurrence la mère) ! Les reconnaître comme inscrits au cœur de notre être, autrement dit du fait que nous parlons, la haine nous habite comme un parasite. La haine, c'est aussi la trace du fait qu'autrui nous a atteints, fût-ce une seule fois, pour nous imposer du déplaisir, elle se manifeste comme agent d'une altérité qui nous concerne tous. « D'où ça part » va donc nous conduire à l'origine de ce qui constitue l'humain, éclairer le décryptage des actes auxquels nous sommes soumis.

Ce groupe m'a fait entendre le phénomène groupal de fascination que certains ont éprouvé vis-à-vis de Jym, comme si son discours pouvait les faire rêver, les entraîner dans des expériences « hors des sentiers battus », sans possibilité d'en mesurer le danger. Ce qui fascine ici c'est la brillance du verbe, car voilant souvent l'horreur, elle piège le regard. Soulignons que la fascination serait aussi le voile du mystère sur lequel s'écrivent les légendes au mépris d'une vérité sur le réel. Cela met en lumière comment l'influençabilité peut opérer dangereusement dans tous les domaines où la parole exerce un pouvoir surtout lorsqu'il est étayé par un charisme et un physique séduisants, tout ce que nous lègue le narcissisme !

Un autre élément qui leur est commun, « c'est l'argent ». Ils y croient à cette aventure qui leur est proposée. Ils n'ont aucun recul pour réfléchir aux conséquences, leur naïveté est à la mesure de leur immaturité.

Ce qui a fait échouer le projet qui semblait bien construit, c'est la défaillance des acteurs aux postes de surveillance. Ils n'avaient pas prévu l'irruption de peurs qui pouvaient déstabiliser et brouiller leurs actes. C'est sûrement ce qui a fait défaut dans leur système, l'incapacité à prévoir et anticiper les conséquences.

Surpris par un déclenchement de surveillance, Jym a assumé son rôle de chef sur le mode du passage à l'acte. Il avait une arme, il a lui aussi sans doute paniqué, il a tiré, blessant mortellement celui qui était visé. A l'issue de cette fin tragique, ils sont restés silencieux sur leurs états d'âme, certains muets, ou refoulant leurs pensées. Le procès va les confronter à la loi, à la justice, dont ils attendent le verdict. A ce moment de l'entretien, leur conscience s'éveille pour certains, selon leur implication et leur histoire. Reste que ce qui fait lien dans ce fonctionnement groupal révèle deux ordres corrélatifs à une dynamique vivante : - ce qui est de l'ordre de la contingence et - ce qui est de l'ordre de la nécessité, autrement dit ce qui vient surprendre, l'inattendu, ce qui va obliger de ce fait à réagir.

On l'a constaté, l'argent n'est pas un élément neutre dans leurs histoires. Il est aussi l'organisateur d'un système social économique qui intervient dans la dynamique personnelle de l'échange. Celui-ci met en jeu l'acte de donner/recevoir, donc de la dette rarement équitable ; il y a toujours quelque chose à perdre ! Peut-on y consentir ? La distribution qui s'opère fait surgir des émotions variables pas toujours maîtrisables. Le système défensif de la personnalité éclaire à ce sujet. Il nous ramène à la pulsion, au signifiant qui mène le jeu dès l'origine. « D'où ça part », lieu des premières empreintes, lieu où se créent sans doute les premières inégalités, contingence du fait, de l'imprévisible.

Dans la continuité du travail d'expertise et de recherche, je vais aborder la maladie mentale avec l'histoire de Xavier qui vient questionner la psychose.

L'histoire de Xavier

J'ai rencontré Xavier dans le cadre de l'expertise mentale. Il avait commis un acte meurtrier.

La question de la responsabilité va exiger une analyse rigoureuse de la pathologie du sujet. Au-delà de l'acte meurtrier, s'impose la réalité du soin et la prévention qui lui est associée. Il va, de ce fait, être question de la place que réserve notre société à la « folie », de comprendre comment celle-ci peut se déguiser derrière la banalité de certains comportements.

J'ai retrouvé dans le cas Landru analysé par Francesca Biagi-Chai les mêmes traits de caractère observés chez Xavier : rigidité, obsessionnalité, cette capacité à faire semblant, masquant ainsi les idées délirantes. C'est dans le décryptage ponctuel, régulier des faits de son histoire, apparemment banale, que j'ai pu repérer les phénomènes de rupture, la pathologie du lien. C'est sûrement l'écoute analytique qui a rendu possible le décodage d'une logique apparemment falsifiée. Confrontée au problème de la responsabilité, cet acte meurtrier va demander un travail rigoureux d'analyse des faits et de la personnalité de ce jeune homme. Il me faudra répondre à la mission d'expert, éclairer le juge sur les motivations de l'acte et surtout l'état de conscience, ce qui est toujours très délicat.

Avec cette question, est-il conscient ou pas, outre ses conséquences sur le jugement, c'est aussi questionner la place que peut réserver notre société à la « folie », au soin, à la prévention ! Comment faire comprendre que la folie peut se faufiler, se déguiser derrière la banalité de certains comportements ? Pour moi, décrypter l'énigme que pose Xavier en signant cet acte passe par la mise à plat de son histoire personnelle.

L'histoire de Xavier semble assez simple. Il est âgé de 27 ans, sans profession, depuis quelque temps vit dans un studio que sa mère a loué pour lui.

Nous savons peu de chose sur l'histoire du couple parental si ce n'est que ses parents se séparent lorsqu'il a 8 ans. Le père a quitté le domicile, il a refait sa vie et a eu d'autres enfants, Xavier est resté avec sa mère. La blessure narcissique de la mère transparaît dans son discours, elle ne semble pas cicatrisée même si elle a un compagnon qui a aussi deux enfants plus jeunes que Xavier dont il semble très jaloux. Sa mère signalera l'existence de troubles mentaux dans la famille du père de Xavier, elle décrit des phénomènes d'excitation et de dépression qui concerneraient deux générations.

Xavier semble disposer d'une intelligence moyenne, seuls quelques troubles du comportement perturbent sa relation aux autres : isolement, des colères spontanées, refuse d'aller à l'école, et ne supporte pas les contraintes ; par contre, il va apprendre à jouer du piano comme sa mère musicienne, et suivre avec assiduité les cours de piano avec un jeune professeur qui aura sur lui de l'ascendant. Le contact n'est pas facile, entrecoupé d'agitation motrice, de silences puis d'une logorrhée qui s'épuise avec les angoisse qui viennent figer son corps. Tantôt fuyant, reprenant une présence, il accroche au registre de ma voix qu'il scrute comme s'il surveillait un danger, une attaque.

Il poursuit le dialogue pour me laisser entendre qu'il n'aimait pas l'école, les autres lui faisaient peur, se moquaient de lui lorsqu'il parlait, il décrit un climat inquiétant, les taquineries étaient pour lui source de souffrance qui déclenchait souvent une violence qu'il ne pouvait pas toujours retenir.

Préoccupé par le caractère occlusif de l'école et son système, il tente d'y échapper en faisant l'école buissonnière ! Il n'a qu'une idée : fuir le groupe, se protéger, mais il redoutait la sentence maternelle. Bien sûr, les résultats scolaires subissent les effets de cet état psychique, il a de plus en plus de mal à assumer une présence scolaire. D'ailleurs, très vite, la maîtresse d'école signale à sa mère ses absences, surtout la bizarrerie de son comportement : il rit, parle seul, prend des attitudes corporelles de protection, lève les bras ! Il fuit le regard lorsque celui-ci s'accroche à un autre regard, il exprime une dureté qui signale un désir d'attaque, d'agression (comme si une puissance intérieure le poussait à détruire, dira-t-il plus tard en cours d'entretien). La bizarrerie de son comportement provoque des remarques taquines : souvent moqué par ses camarades, sa violence répond à ces quolibets. Les résultats scolaires deviennent inquiétants, mais, soutenu par sa mère, il poursuit tant bien que mal le programme scolaire.

Devant l'aggravation des troubles du comportement, sa mère l'emmène consulter un psychiatre qui conseille d'abord une hospitalisation en milieu spécialisé, afin d'établir un diagnostic, et proposer une prise en charge thérapeutique. La mère n'a pas toujours coopéré à cette prise en charge, vivant très mal l'hypothèse du diagnostic de « psychotique ». Xavier, lui, supporte mal le traitement qui lui a été prescrit. Réticent aux soins, il ne va pas toujours respecter les prescriptions. Cette prise en charge refusée a eu un effet très aléatoire.

Il avait néanmoins consenti à une hospitalisation de jour, acceptait les activités qu'il pouvait choisir, refusant souvent celles qu'il vivait comme des contraintes. Il continuait à faire de la musique, et avait accepté de ne plus vivre chez sa mère. Bénéficiant d'une allocation (adultes handicapés), le choix pour un studio lui permettait une relative autonomie en dépit d'une mise sous tutelle qu'il vivait comme une privation de liberté

Contrarié par cette mise sous tutelle, il va tenter d'échapper au contrôle de soin. Il ne vient plus aux rendez-vous, son état mental se détériore, conséquence de l'arrêt du traitement. La vigilance des infirmières à domicile permet de saisir cette dégradation mentale tout en provoquant une violence avec idées délirantes. Il se sent épié par ces visites des infirmières, refuse d'ouvrir la porte, les insulte, « menace de leur planter le couteau dans le ventre ». Le thème de ces idées devient de plus en plus délirant, incohérent. Il s'adresse toujours à des femmes malveillantes, désignées comme dangereuses, responsables de son enfermement. Il crie de plus en plus fort : « vous êtes toutes des salopes, je vais les tuer, sous-entendu vous tuer ». Les visites des infirmières dérange de plus en plus son système délirant, aiguise sa rancœur à l'adresse des femmes, il se sent de plus en plus persécuté, s'agite corporellement jusqu'à ne plus pouvoir contrôler sa violence verbale.

A la suite d'une visite où sont énoncés des rappels relatifs à la prise de médicaments – « Xavier vous n'avez pas pris votre traitement » lui dit une infirmière –, furieux de ce rappel qu'il entend comme une injonction, il prend un couteau et va frapper. Le réel a surgi comme conséquence de ce qui ne s'est pas donné à voir et à entendre, ce qui n'a pu s'inscrire (la parole de l'interdit, qui fait loi), mais le crime a eu lieu, la victime a été une femme.

La mère de Xavier nous avait déjà signalé des troubles de la personnalité concernant le père, ils concerneraient deux générations.

Pour ce qui la concerne, avec beaucoup de retenue, elle évoque une problématique dépressive qui s'enracine semble-t-il dans son enfance. Elle évoque une blessure narcissique consécutive à la souffrance de ne pas avoir été aimée par un père très dur, exigeant et peu présent. Elle fait l'éloge avec nostalgie de sa grand-mère qui l'a élevée. C'était, dit-elle, une très forte personnalité, autoritaire mais aimante.

L'échec de son couple vient raviver un profond sentiment de dévalorisation, mais aussi d'abandon, même si elle dit n'avoir pas éprouvé le grand amour pour le père de son fils. Par contre, elle a vraisemblablement réservé tout son potentiel affectif à son fils, elle avait décidé pour lui d'un projet professionnel, dont il n'a pas voulu, ou pu en satisfaire les exigences scolaires.

Quel sens pouvait-elle donner à cette relation d'amour maternel, si ce n'est exercer parallèlement une toute-puissance sur lui (qu'il a refusée d'une certaine manière). Probablement exempté d'une loi qui sépare, divise pour ouvrir sur d'autres intérêts, je présume qu'il a eu quelques difficultés à se libérer d'une dépendance affective. Cet exemple illustre me semble-t-il comment la fonction maternelle, au-delà des soins, imprime au plus fort au corps, sans effacement, l'éveil érogène de la réalité libidinale. On aperçoit également comment la fonction paternelle peut être un rempart, pour mettre l'impossible au service de la jouissance.

Xavier m'a beaucoup appris lorsque je l'ai rencontré à la prison ; rassuré par un cadre, et aussi par les effets thérapeutiques du soin, il semblait retrouver une certaine lucidité pour parler de sa colère. Pourquoi cette colère était dirigée vers des femmes ? Je n'ai pas de certitudes à cette question, cependant la thématique de son délire qui ne varie pas me fait penser à quelqu'un qui se vit enfermé dans un lien qui l'empêche de trouver une sortie. Il est possible qu'à défaut de trouver une « borne » susceptible d'arrêter ce courant pulsionnel, l'insupportable des contrariétés, qu'il vivait comme des agressions, l'insécurité, ce faisceau d'interdits l'ait entraîné dans une réplique folle, déraisonnable, celle du « hors-sens ».

Pour avoir travaillé de longues années en milieu psychiatrique, j'ai pu pénétrer cet univers de la maladie mentale. Observer ces états au cours desquels un être humain se débat, crie, appelle au secours, cherche désespérément une sortie, dans une souffrance où dominent l'angoisse et la violence interpelle notre société, plus spécialement le domaine de la santé mentale. J'ai voulu témoigner de cette dimension de la pathologie, de ces signes qui la caractérisent, sachant par expérience combien elle est difficile à cerner, comment elle peut nous échapper.

Notre mission d'expert nous met à l'épreuve avec cette question redoutable d'éclairer la justice sur la conscience et la responsabilité ; elle exige de ce fait une recherche exhaustive de la causalité, elle oblige à questionner le rapport à la loi dans sa fonction sociale et individuelle. Cette causalité m'intrigue particulièrement, elle est liée aussi à mon expérience psychiatrique. C'est dans cet esprit que s'inscrit ce passage particulier sur la psychose. C'est avec un intérêt tout particulier que j'ai revisité les écrits des auteurs qui ont travaillé sur ce sujet, ils ont étayé mes observations, et mon travail d'analyse.

Sur la psychose

La psychose nous plonge dans l'énigme du lien. Elle nous fait entrevoir ce gouffre qui s'offre au sujet, l'éprouve dans son combat qu'est la vie pour lui. Il est donc important de repérer tous ces éléments qui se manifestent dans une incohérence face à la réalité.

Il s'agit de décrypter les messages qui, par l'intermédiaire du corps, la voix, le regard, une parole adressée à un destinataire inconnu, font vaciller le sujet dans la relation aux autres.

J'ai voulu tenter de comprendre comment cette logique délirante propre au sujet psychotique vient combler ce vide, cet appel sans réponse, faute de pouvoir faire une demande plus cohérente. J'ai souvent constaté cette défaillance de l'imaginaire chez le psychotique ; il ne peut pas toujours utiliser le fantasme, d'où sa réponse brute, elle va fuir ailleurs à l'occasion d'une rencontre. Je me souviens d'un échange avec un jeune, sensible à l'intonation de ma voix ; il a suffi d'un mot pour déclencher une coupure dans le dialogue. Soudain, nous n'étions plus dans le même registre d'un possible sens commun. Il me fixait, le regard perdu, comme s'il avait perdu sa boussole, il n'entendait plus mon discours, il va y répondre avec sa logique en décalage avec la réalité. J'ai dû interpeller son message pour trouver le sens de ses mots avant de pouvoir renouer.

Souvent, comme des appels désespérés, les propos sont déconnectés de la réalité. Ils sont accompagnés d'attitudes bizarres, de comportements brusques, voire violents qui font signe. C'est toujours par l'intermédiaire du corps : la voix, le regard, ces bouts de réel qui font réagir le corps, qu'on peut repérer une tentative d'amarre qui fait aussi limite.

Le « semblant » est souvent utilisé, faire comme si, ou vouloir faire comme s'il s'habillait avec un costume d'emprunt déformé, troué, mais existant, présent à un moment, même si dans le moment qui suit, il va être jeté, brûlé dans le désordre un peu fou ; c'est le côté incohérent.

C'est au niveau de l'histoire racontée par le sujet que j'ai pu, souvent, saisir le signifiant « hors course » ; il fait irruption en imprimant une tonalité particulière : avec la voix par exemple, il s'égare dans le délire interrompant l'échange, mais il reviendra, déguisé, sous une autre forme, comme pour signer avec l'incohérence la dissociation, c'est-à-dire la rupture du lien avec les autres. Xavier, dont j'ai développé précédemment le cas, m'a donné beaucoup à entendre ce système d'une logique en dehors de ce qui se passait réellement.

Pour ce qui concerne la responsabilité qui est la mienne en qualité d'expert, d'apporter des éléments d'éclairage, de compréhension relatifs aux passages à l'acte, quelle qu'en soit la gravité, j'ai fait des recherches dans les écrits des auteurs qui ont traité ces questions.

Dans son livre, *Le cas Landru*, Francesca Biagi-Chai dit ceci : « la psychose a plusieurs modalités d'expression, elle peut se dissimuler derrière des comportements originaux, une banalité systématique, il s'agit d'apercevoir les signes qui nous la font reconnaître dans la réalité du quotidien. On ne peut pas la soustraire du contexte familial et social. » Il y a donc la psychose, des psychoses, et des sujets psychotiques. Ma pratique, mes observations me semblent assez proches de ces remarques.

« D'où ça part » concerne bien, semble-t-il, ce lieu où, sans doute, sont concentrés les signifiants originaires qui vont se mettre en mouvement, sous l'emprise de la pulsion réveillée par un réel dérangeant. Il s'agira donc toujours pour le clinicien d'être attentif à la forme du récit, son contenu, à tout ce qui précède l'irruption du signifiant concerné. La problématique de l'oralité, nous l'avons vu dans le cas de Xavier, préoccupe fortement le sujet psychotique, ça n'est pas tellement la faim qui l'agite, mais le manger, la manière gloutonne d'absorber la nourriture confine à une voracité agressive particulière.

Rosine et Robert Lefort nous offrent une observation remarquable dans leur livre *Les structures de la psychose*[9], où ils soulignent le caractère fondamental du « ratage de l'identification au père », autrement dit l'instance où le décollage de la mère ne peut se faire pour opérer une séparation ; créer un espace plus neutre. Ils évoquent cette atmosphère fusionnelle, ce moment d'incorporation comme préalable à l'identification. C'est sûrement à cette période, où s'absorbent toutes les sensations corporelles de l'ambiance affective, que s'inscrivent les premières émotions, ces marques qui sont aussi celles de la mère.

C'est une étape importante, vraisemblablement en lien avec le désir pour le père. J'imagine qu'un désintérêt

---

[9] LEFORT Rosine et LEFORT Robert, *Les structures de la psychose*. Travail considérable sur la théorie de la psychose, sur ce signifiant qui fait défaut et vient à la place du Nom-du-Père. L'effort pour accéder au langage, au désir de l'Autre, pour ne plus souffrir du non-sens des mots.

à l'égard du père peut rendre caducs l'espace tierce et son effet structurant. Là où le père n'assume pas sa fonction de protecteur à l'endroit du désir maternel, l'enfant se trouve exposé, sans défense, à la dévoration maternelle.

Bion[10] nous propose une autre approche de la psychose. Il reprend ce que Freud avait annoncé dans *Analyse avec fin et sans fin.* Revisitant le processus primaire et secondaire, il va fouiller dans l'inconscient, saisissant, « d'où ça part », il pose l'hypothèse de niveaux de pensée divisés, aux fonctions différentes ; l'une traite les impressions sensorielles au-delà de ce qu'on peut en penser, c'est-à-dire les inscriptions archaïques, l'autre correspond à la gestion des émotions brutes qui sont encaissées (sans doute ce qui a fait traumatisme) et qui cherchent à être assimilées. Je retrouve là aussi un appui pour comprendre et analyser tous ces signes, ces signifiants, repérés dans les histoires décrites plus haut. C'est dans l'approche des cas que j'ai puisé la richesse infinie des discours, les détails, l'originalité du « dire », leurs effets ont alimenté la clinique. A ce propos, j'ai trouvé dans la thèse de médecine du Docteur Jean-Jacques Segalen[11], *Considérations générales sur les psychoses réaction-*

---

10 BION Wilfred, *Aux sources de l'expérience.* Concept qui modifie le code initial avec le prolongement et un autre éclairage de la notion d'identification projective.

11 SEGALEN Jean-Jacques, thèse de médecine, 1956, *Considérations générales sur les psychoses réactionnelles et les névroses traumatiques de guerre.* L'intérêt de cette recherche est de nous permettre, à travers des observations de cas, de repérer les effets traumatiques, ceux qui font resurgir des fixations, quelque chose d'un évènement ancien dont l'effet se prolonge et modifie l'énergie psychique.

nelles et les névroses traumatiques de guerre, des éléments qui viennent questionner autrement ce travail d'écriture, notamment sur les épisodes qui parlent de traumatisme. Pour Wilfred Bion, la notion de personnalité psychotique postule que toute personnalité individuelle possède une fraction psychotique correspondant aux éléments non élaborés plus ou moins importante selon les individus. Bion nous fait éprouver l'instance surmoïque comme une sentence qui vient régler le caractère désordonné des comportements. Or, le hors-sens, celui qui concerne la psychose, exclu du processus identificatoire, s'inscrit au détriment de l'échange, du partage, comme si cet aspect de dissociation dérangeait le social.

Cela soulève le fait : quelle place peut-on donner à la maladie mentale ? La folie gît au cœur de la raison, elle en est la source et la limite. Nous avons donc à réfléchir à ce que manifeste la folie en son échec même, comme tentative d'affranchissement par rapport à la contingence, à la limite. L'histoire nous rappelle que, dans les années 1950, certains psychiatres, Gaëtan Gatian de Clérambault et Paul Guiraud, se sont intéressés à la criminalité et aux phénomènes liés aux passages à l'acte.

Angelo Hesnard, psychiatre et psychanalyste, reste une figure de l'introduction de la psychanalyse, il questionne à sa manière ces phénomènes étranges en lien avec cet espace de pensée doté d'une force souterraine venant modifier l'ordre des choses. Pour approfondir ces phénomènes relatifs à la causalité, il pose des hypothèses, élabore des concepts, trouvant que la recherche piétine dans ce domaine.

Il part du principe qu'il y a de l'inexpliqué dans les phénomènes psychiques, quelque chose qui échappe à la logique des faits. D'autres disciplines ont essayé de comprendre le lien entre les évènements extérieurs et le passage à l'acte, mais elles n'ont pu rien dire de la causalité.

Très tôt, Lacan, jeune psychiatre, fut proche de ces personnalités, solidaire de leurs recherches. Devenu psychanalyste, plus préoccupé d'éthique que de morale, il va interroger autrement cette question de la causalité introduisant de nouvelles coordonnées, notamment la clinique du sujet.

La psychanalyse a introduit le décryptage des motivations inconscientes et fait de la causalité psychique l'objet de sa recherche. Elle devient de ce fait l'espace de pensée qui peut le plus approfondir la question du mobile et approcher la vérité.

En éclairant l'opinion, elle dévoile la cohérence qui, dans la personnalité d'un sujet criminel ou autre, a fait surgir un acte, message toujours brouillé qu'il va falloir décoder. La parole est de plus en plus réduite aux signes, et les signes obscurcissent parfois la potentialité des paroles, des mots, qui ont besoin de se déployer pour signifier un autre sens caché plus proche de la vérité.

Très souvent, au cours de l'entretien, à la faveur d'un mot, d'une intonation, d'un « lâcher prise », je devenais dépositaire d'une autre version proche de l'aveu, mais vite interrompue par le système défensif protecteur ; j'avais alors aperçu quelque chose qui me rapprochait de ce que Lacan dit à propos de la vérité : elle ne peut se dire toute, elle est « mi-dite ». Toutes ces questions rejoignent les miennes, celles que me posent les personnages que je rencontre. Intriguée, parfois fascinée par la brillance des sujets qui me parlent de l'inexplicable, je ne peux me soustraire à cette question : « Est-il fou ou malade ? » Dans un article, « L'angoisse de juger », Michel Foucault donne son sentiment : « Il faut certes traiter l'individu qui n'est dangereux que parce qu'il est malade ! » Il me semble que c'est autour de cette interrogation, mais surtout cette proposition d'une substitution que les choses ont pivoté. Les problèmes de société nous renvoient au symptôme qui, avec la pulsion, est ce que le sujet a de plus réel ; traduction la plus fiable de ce que nous livre l'inconscient. La valeur de toutes ces observations qui constituent la recherche, le questionnement, « n'a pas pris une ride ». L'actualité redouble toutes ces interrogations, et aussi le paradoxe que pose la pathologie dans notre société !

Fidèle à cette démarche, poursuivant le déchiffrage de ce lieu « d'où ça part », je vais aborder un autre chapitre qui fait suite à l'activité d'expert. Des consultations en hôpital de jour : la question des mères, corrélative de celle de la femme, prolonge ce travail d'écriture. Ces histoires cheminent du « faux pas » au « faut pas » et l'inexorable épilogue : sanction-soin ? Il y aura de toute façon un jugement. Pour certains, c'est à la justice, au juge qu'il appartiendra de le prononcer.

DEUXIÈME PARTIE

La question des mères

Etre mère, c'est d'abord être fille de… petite-fille de… femme… c'est aussi la première rencontre avec le sexuel. Le désir d'enfant ne se décrète pas, il est référé à un moment inédit souvent inattendu.

La rencontre d'un homme et d'une femme, préalable à la venue d'un enfant, pose la question de la sexualité, cheminement que vont nous faire découvrir les exemples qui vont suivre. Mais au préalable, je voudrais revenir sur ces émotions enregistrées pendant les entretiens. Le roman s'écrivait avec des mots simples chargés de sentiments, l'héritage était déjà tracé. C'est ainsi que l'enfant vient à la rencontre de ses deux parents, il va se situer au carrefour de deux histoires et s'inscrire dans cette lignée générationnelle dont la filiation est parfois compliquée. Il va falloir ouvrir le livre, retrouver la page où sont imprimées les traces du texte parlé bien avant la naissance, pour y déceler parfois l'énigme de ce désir d'enfant, les impasses auxquelles le sujet est confronté.

Sur le désir

Cette expression souvent citée « L'enfant est pris dans le bain du langage grâce à la mère », m'évoque ce que dit Marie Cariou[12] à propos de la pulsion dans *Freud et le désir* : « La pulsion crée l'oracle parce qu'elle sait la mort, parle avant la naissance ; l'oracle parle, avertit sur le meurtre, l'inceste, la castration... L'inconscient fonde un premier dire : « In-fans », ce roman, déjà imaginé, c'est le patrimoine ». En d'autres termes, l'oracle annonce les vœux qu'expriment les parents, « dits » avant que l'enfant puisse les « dire ».

Je revois ce jeune couple venu me consulter, ils étaient dans un moment fulgurant de passion avec le désir de prolonger cet amour par la venue d'un enfant. Ils étaient émouvants dans leur certitude d'avoir rapidement un enfant ; elle était déjà prénommée, sa venue se préparait, etc. Et puis cet enfant s'est fait attendre, sans entamer cet amour, il est venu d'ailleurs ! Accueilli dans la joie d'être parents.

J'imagine cette séquence de l'héritage, que supporte la venue d'un enfant, comme terre d'accueil de l'inconscient maternel, lieu de projections et d'inscription des peurs, des désirs, des fantasmes, instance d'accroche, de plaisirs ou souffrances qui nous

12 CARIOU Marie, *Freud et le désir*. Elle interpelle beaucoup la pulsion, le désir et aussi le langage dans sa fonction d'« oracle » (p. 50), écrit que chacun est à soi son oracle. *Os, oris*. « La bouche projette ce souffle intérieur vers l'extérieur car toute voix qui monte du destin, disant la mort, nous est insupportable. La pulsion se dessine par les annonces de danger qu'elle contient, et c'est pourquoi, destin, elle s'exhibe comme voix, à fuir dehors en voix qu'on veut divine ».

saisit un jour pour ne plus nous quitter. Parfois laborieux, le désir d'enfant est le souhait d'un couple dans l'accomplissement de leur histoire d'amour, et il y en a beaucoup fort heureusement. Pour d'autres, ce sera parfois un parcours plus difficile ; embûches, complications d'une stérilité que l'on n'avait pas prévue viendront perturber, retarder ce projet, parfois le modifier ; déceptions, angoisses vont troubler ces démarches avant d'éprouver cette joie d'être « maman ».

Pour certaines, ce sera le renoncement à la gestation, et elles se tourneront alors vers d'autres approches, par exemple souvent l'adoption. On va voir dans un exemple qu'un tel parcours va bouleverser, éprouver le couple, produire d'autres figures de liens, mais aussi nous faire savoir ce qu'il en est de ce lien à la mère pour l'enfant adopté. Toujours dans la perspective du désir d'enfant à propos de l'adoption, j'ai été confrontée à une adolescente de 14 ans, bouleversante dans son témoignage. Elle sait qu'elle a été abandonnée et que sa mère biologique, ayant accouché sous x, n'a laissé aucun indice sur ses motivations. Elle manifeste du désarroi et de la colère comme si ce réel de sa naissance, en savoir quelque chose, lui était refusé ; je sens chez elle la profondeur de sa question qui fait « trou-matisme ». Le réel, c'est ce qui fait retour dans la réalité, le traumatisme, c'est sûrement de n'avoir pas été nommée par le symbolique. Elle rage de cet anonymat qu'elle traduit par de violentes colères. Devant cet état insistant et préjudiciable pour elle et le couple adoptif, sa mère adoptive décide avec elle de faire des démarches près des organismes habilités, afin d'essayer de lever le voile ! Elle saura peu de choses sur cette mère biologique, des traces d'une existence délabrée, un jeune âge, un exil dont elle ne connaîtra pas le lieu. Ce qu'elle voudrait savoir : « Pourquoi elle m'a abandonnée, m'a-t-elle regardée à la naissance ? Est-ce que je lui ressemble ? » Ce sont ses mots à elle.

J'ai apprécié, outre sa capacité d'amour, la pertinence de sa mère adoptive, compréhensive, tolérante, perspicace quant aux erreurs qu'elle pourrait commettre, aux pièges que lui tend en permanence l'adolescente, car elle est très intelligente. Elle renonce à sa quête de savoir sur sa naissance et redouble d'une demande d'amour très exclusive à l'adresse de sa mère adoptive. Dans cette demande, elle exprime sa peur de perdre cet amour, elle a du mal à se séparer d'elle, partir avec des amies, comme si elle se méfiait d'une autre séparation et aussi d'une trahison !

La puérilité de son discours, avec l'angoisse, nous renseigne sur ce qui a été et restera avec ses traces, le premier abandon, un drame pour elle. Elle supplie sa mère sans cesse, « Dis-moi que tu ne me quitteras jamais, moi je ne veux pas te perdre, ma vie c'est avec toi »... Et sa mère de me confier après un long travail sur elle : « Je suis sûre qu'elle gardera toujours la violence de ce traumatisme. »

D'autres accents viennent émailler ce chapitre sur les mères et le désir d'enfant.

Pour avoir entendu beaucoup de femmes lors des consultations en dispensaire, submergées par la détresse face à l'impuissance d'être mère, et aussi face à la mort d'un enfant, ne pas pouvoir faire le deuil, parce qu'il ne pourra être remplacé, j'ai beaucoup écouté, questionné ; l'expérience m'a montré qu'il pouvait en être autrement.

Cet enfant qui n'a pu exister laisse toujours une place singulière, certes inconfortable, à celui qui va venir après ; pourtant, cette place ne sera pas forcément dramatique : je souhaiterais relativiser certaines affirmations à ce sujet. Parfois aussi le second enfant ouvre à un accueil plus authentique à la fonction maternelle, au désir d'être mère : « Qu'est-ce que j'attends de cet enfant ? C'est une autre demande faite à cet enfant, d'abord imaginé, est-elle du côté du lien, ou du comblement ? Nous allons entrevoir ces répliques possibles, plus loin (dans le cas d'Alice).

La dimension plurielle du « désir d'enfant » mérite pour éclairer la chose que l'on s'arrête sur cette autre séquence non moins importante que recouvre le désir : c'est la rencontre d'un homme et d'une femme. Elle nous fait découvrir avec l'amour la sexualité, la différence. Les émotions qui en découlent vont forcément laisser des traces. Ces marques, poinçon de l'origine, il nous faudra en retrouver le sens donné à l'histoire. Ce seront les projets de vie réalisés qui nous en révèleront plus.

Cette expérience de rencontre avec ces femmes révèle tous ces itinéraires douloureux et compliqués pour être mère. J'ai pu constater ce qu'il en est des désirs contrariés, des impossibles inexpliqués, mais aussi des non-désirs, ceux qui ne tiennent pas compte du sujet, et imposent l'enfant qui n'était pas prévu, conséquence d'actes manqués, oublis, viols, incestes.

L'enfant dira lui-même plus tard, devenu adolescent : « Mais je n'ai pas demandé à venir », ou bien il hurlera sa colère, exprimera sa haine à l'adresse de ses géniteurs qui l'ont laissé choir (nous avons enregistré ces propos dans les exemples de la première partie).

Avec cette question du désir d'enfant, « Faux Pas » résonne l'ambiguïté du commencement, tressée à celle de l'origine qui nous taraude tous. Elle nous renvoie toujours à ce point, c'est-à dire le désir : quel signifiant entre en jeu, pourquoi, comment se faufile-t-il ? « Faux Pas », « Faut Pas » « d'où ça part » ?

Nous aimerions arracher l'insaisissable secret du désir qui a présidé à notre venue au monde et duquel nous sommes irrémédiablement et structurellement exclus. Impossible ascendance qui pourtant se noue au symbolique, à l'imaginaire, dans ce début qu'habillent nos fantasmes ; tout est dit dans cet espace fantasmagorique, les rêves les plus fous !

Recherche vaine de la cause qui pourrait révéler, enfin croit-on, la signification dernière et démêler les avatars d'une subjectivité en souffrance. La pulsion épistémologique est régulièrement sollicitée, mais de quel savoir s'agit-il pour qu'il garde tant de mystère ? Quels en sont ses ressorts si ce n'est de revenir toujours à ce qu'il en est de cette rencontre avec le sexuel, ce moment étrange de confrontation avec la différence, l'étranger. Savoir comment, pourquoi ils se sont trouvés, y a-t-il eu du désir, de l'amour, de la violence, du rejet ? Suis-je l'enfant de l'amour, du viol ou de l'accident ? Tous ces incidents qui structurent l'être humain, je les ai aperçus. Tant de questions restées en suspens sont, et resteront, universelles. Elles laisseront des traces ; comment se repérer avec cette sensation de vide, d'insignifiance que recouvrent l'absence, le silence et bien sûr la violence ?

Pour illustrer toutes ces observations, suscitées par les rencontres, l'élaboration des réflexions qu'elles ont produites, je vais déplier et analyser quelques histoires qui ont donné consistance à ce travail.

Sur la transmission

Lydie nous donne à entendre une version du désir d'enfant soumis si l'on peut dire à la puissance maternelle.

Lydie a déjà eu un premier enfant d'un précédent mariage. Divorcée du père de cet enfant, elle se remarie avec un homme, plus jeune qu'elle et célibataire. Ils sont très amoureux. Elle souhaite rapidement avoir un enfant avec cet homme sachant que, pour elle, l'horloge de la nature lui fait éprouver les limites possibles de la maternité (Lydie a la quarantaine). En effet, elle se trouve confrontée à ce fait imprévu pour elle, que le désir, comme l'amour d'ailleurs, ne se décrète pas, il est soumis à l'inconscient.

A ce sujet, j'adhère à cette formule qu'Aldo Naouri utilise souvent : « l'amour, c'est une rencontre ». Rencontre qui nous saisit, et nous fait découvrir l'autre !

Après quelques essais infructueux, Lydie fait part de ses soucis à sa mère dont elle se dit très proche. Elle pense que sa mère peut l'aider à trouver une solution ; celle-ci se veut d'abord rassurante sur un mode quelque peu ironique, elle lui donne quelques conseils qui visent surtout à la déstabiliser en tant que femme amoureuse : « Oh, tu ne sais pas bien t'y prendre », rira-t-elle. Elle est d'abord déçue, surprise sans vouloir y croire, mais elle commence à discerner des relents de rivalité, voire de jalousie.

Sa mère est elle aussi divorcée, a déjà eu d'autres enfants avec un autre homme que son père, deux garçons dont elle est très fière. Elle va lui faire quelques critiques, mais là où les choses vont se gâter, c'est lorsqu'elle aborde l'aspect intime des relations sexuelles : c'est un véritable acharnement qu'elle suggère avec gymnastique particulière accompagnée d'un calendrier exigeant. En un mot, elle finit par lui dire qu'elle n'a plus l'âge de procréer. Elle a bien sûr trouvé le point où la blessure narcissique va retentir.

Par ailleurs, des conflits vont surgir au niveau du couple. Le mari, ayant perçu l'influence de la belle+mère et de ses conseils, va réagir. Epuisé par les exigences sexuelles et le rythme, il refuse de s'y plier et aussi de faire l'amour, ce qui compromet ce projet d'enfant.

Pour Lydie, c'est le drame : elle se trouve prisonnière entre deux discours, celui de son mari et celui de sa mère, avec qui elle rompt. C'est là qu'elle vient me consulter : elle est très déprimée, mais surtout en colère après sa mère qui lui a dit qu'elle n'était plus assez jeune pour avoir un enfant. Je l'écoute et la fais parler sur sa relation à sa mère. Lydie est une jeune femme encore très belle et séduisante, vraisemblablement en rivalité avec sa mère qui est encore assez belle et qui maintient un lien particulier de domination sur sa fille.

Elle me fait part de l'exaspération de son mari vis-à-vis de sa belle-mère qu'il trouve envahissante, despote. Tout cela ne favorise guère le climat pour accueillir un enfant. Elle décide de venir me parler régulièrement et commence à s'apercevoir de son lien de dépendance à sa mère à qui elle va poser quelques questions sur ses maternités.

Surprise, sa mère lui dira qu'elle n'a pas voulu d'un enfant avec son mari actuel et qu'elle a avorté. Il semblerait que cette révélation fut un choc pour Lydie, et en même temps, elle a eu un effet libérateur !

Je reste très attentive à un transfert qui amène de l'apaisement. Elle arrive à se décentrer de cette question d'un enfant qu'elle veut avoir avec son mari qu'elle aime très fort ! J'interroge ce « vouloir » et, peu à peu, il évolue vers un désir plus « amoureux ». Elle entend aussi que je ne lui donnerai pas de conseils, ni ne porterai de jugement, mais ma parole va questionner sa place de mère, de femme, pour se désolidariser du discours maternel très puissant. Consciente de l'influence de sa mère, de son côté manipulateur, elle réalise qu'elle n'est pas obligée de suivre ses conseils ni le même destin, c'est à elle avec son mari qu'il appartient de décider de leur vie.

Lydie va cheminer doucement vers plus de souplesse et de liberté, se laisser aller à une attente « surprise » d'un enfant. Radieuse, elle arrive un jour en m'annonçant qu'elle est enceinte. Elle prend en main cette grossesse qui l'embellit et qu'elle mènera à terme.

Elle va aussi mettre à distance sa mère à qui elle a annoncé triomphalement la venue de son bébé.

La venue d'un petit garçon va faire la joie du couple, c'était la première fois que son mari était père, et il va nouer un lien très fort à cet enfant qui lui donnera beaucoup de satisfaction. Ceci dit, il a dû s'imposer près de sa femme pour avoir une place d'autorité, de père, et de complicité avec ce fils. Lydie retrouvait cette attitude de mère parfois trop accaparante.

L'histoire de ce couple va se dérouler sur une longue période très heureuse, puis vient la tourmente de la maladie du père avec un cancer des poumons qui se déclare. Il va être soigné, récupère, jusqu'au jour où une récidive a raison des soins. C'est le drame avec sa disparition, surtout pour son fils qui, très courageux, ne dira rien de son chagrin. Il va soutenir sa mère. Comment a-t-il géré cette séparation, sans doute catastrophique, compte tenu des liens qu'il avait avec son père ? Je ne peux que formuler quelques hypothèses, puisqu'il ne survivra pas à son chagrin et va se suicider après avoir passé brillamment son bac. Qu'a-t-il manqué à ce jeune pour surmonter son vide ? Peut-être du symbolique, structurant un climat rassurant ! A-t-il pu s'appuyer sur sa mère pour faire face ? Affaire de liens bien complexes. Ce drame était sans doute sous l'emprise d'une puissance où la pulsion de vie n'a pu s'imposer.

Je vais continuer à naviguer sur ces courants désirants avec l'histoire d'Alice aux multiples facettes… La rencontre avec la mort ici cédant la place au vivant. Alice nous livre d'une manière toute particulière la complexité d'émotions dans un paradoxe souvent étonnant. L'aventure de sa maternité est réactivée pour ce qui nous intéresse, par celle de sa fille qui attend son premier enfant. Elle accompagne sa fille et le futur père à la clinique pour l'accouchement, à leur demande.

Alice a eu cette fille unique après la perte d'un enfant à la naissance – aussi une fille. Pour situer l'évènement, elle avait accouché à la maison avec une sage-femme. La délivrance fut compliquée, l'appel à un médecin a été trop tardif. Malgré des soins intensifs, l'enfant n'a pu être ranimé. Ce fut un drame pour Alice et pour le couple qui désirait très fort cet enfant. Elle exprime en ces termes sa douleur : « Tant souffrir pour ne rien avoir » (*sic*). Ces mots, elle les a souvent prononcés, rappelant ainsi que donner la vie, c'était aussi côtoyer la mort ! C'est ainsi qu'ici ce signifiant « délivrance » prend tout son sens, alors que la plupart du temps, c'est plutôt le sens « instant joyeux » qui est usité.

Son désir d'enfant était tenace. Très vite après ce drame, un autre enfant, Béatrice, s'annonce, pour l'immense bonheur du couple. Avait-elle fait le « deuil », comme on dit souvent, de ce premier enfant ? Sans doute pas… mais plutôt subsistent des traces encore très angoissantes du drame !

Ce climat de sensation de manque, de vide, de colère, de privation de cet enfant réapparaît. Elle est inquiète pour sa fille qui est en train d'accoucher aussi de son premier enfant.

Submergée par cette angoisse, parce qu'elle sait sa fille en danger et dans la souffrance, la délivrance se complique. Elle a peur qu'il lui arrive le même drame qu'elle a vécu jadis. Elle va faire une intervention inopinée, près du médecin accoucheur. Entre deux portes, elle lui adresse cette supplique dont la formulation lapidaire prête à confusion : « Je vous en prie docteur, sauvez l'enfant ! » La violence de ces propos excluant la mère fait frémir. Pourtant, c'est sûrement là le paradoxe où se confondent les chemins différents, les places, le sens attribué à l'amour et à la souffrance de cette mère encore absorbée par sa perte. Il est évident qu'elle souhaitait que sa fille soit sauvée, mais aussi qu'on lui épargne la perte de l'enfant !

Bien entendu, ces propos ont été repris plus tard par Alice. Ces mots qui lui ont échappé, dit-elle, étaient guidés par l'amour pour sa fille, la déception qu'elle voulait lui éviter ; mais peut-on se mettre à la place de l'autre ? Le désir d'enfant était pour elle plus fort que tout, comme si elle voulait transmettre à sa fille cette force, mais aussi cet amour inconditionnel, partagé jadis avec le père. J'ai eu le sentiment que ces parents et grands-parents, même après un deuil de leur premier enfant, avaient aménagé une autre place au second, Béatrice, qui a sûrement bénéficié de beaucoup d'amour. Pour ce couple, c'était le prolongement d'une belle histoire d'amour. Pour Béatrice, c'est comme si elle répétait l'histoire de sa mère à travers cet épisode douloureux de l'accouchement, autrement dit qu'elle s'appropriait cette répétition. Le signifiant maternel « délivrance » s'impose, sans doute aussi cette confrontation avec la mort dont elle aura à démêler les effets. Le danger éloigné, cette parole suppliante de sa mère n'a pas entamé le lien d'amour, mais l'a renforcé.

Ce qui a été transmis, semble-t-il, par cette mère, c'est de l'amour sur un mode exclusif, avec une tonalité dramatique. Néanmoins, Béatrice aura un autre enfant, un garçon, elle ne souhaitait pas d'enfant unique. J'ai voulu citer cet exemple pour mettre en question des idées toutes faites, souvent généralisées, sur l'impossible de survivre à un deuil d'enfant. Cela dépend du contexte bien sûr, mais surtout du couple, du prolongement que l'on souhaite, de ce qui fait lien : le désir, l'amour, et le manque.

La transmission ici ne semble pas se faire sur le mode de l'« injonction ravageante », mais sur une émotion inscrite dans le corps, traversée par la pulsion de mort, produisant un manque qui en appelle au désir, à son ouverture. La clé, nous dit Lacan, elle est à repérer au niveau de la « cause » introduite dans la sujet pour trouver l'énigme ; elle en appelle à l'écoute du ça pulsionnel et de de l'Autre- inconscient- autrement dit, son discours . Pour ce qui concerne notre sujet et le phénomène de transmission d'Alice à Béatrice, c'est bien par l'intermédiaire de la voix, sa tonalité, que la cause inscrite corporellement par le ça de la pulsion a été délogée de l'inconscient et ramenée à la surface par le signifiant : « je vous en supplie »... Outre l'émotion suscitée, elle a probablement réveillé aussi du désir ! On peut aussi le dire sous cette forme : la parole d'Alice conjoint la pulsion de mort et le désir !

Sur l'infanticide

Reprenant mon rôle d'expert, poursuivant la dynamique désirante mais dans un climat autre, je vais introduire deux cas d'infanticide.

Ce sera d'abord l'histoire de Claire :

Je rencontre Claire à la maison d'arrêt où elle est incarcérée pour infanticide. Lorsqu'elle entre dans l'espace où nous allons discuter, elle semble venir d'ailleurs. Docile certes, plutôt figée, comme absente à la situation qui l'a conduite en prison, elle n'est pas opposante mais paralysée par ce qu'elle ne peut pas dire. Il faudra attendre un long moment pour que puisse s'établir un contact. Après avoir posé quelques questions élémentaires sur son état civil, elle répond d'abord aux sollicitations d'usage. A la question relative aux faits de son incarcération, elle fait entendre, sur un ton neutre, cette parole : « Je ne sais pas ce qui m'est arrivé, comment cela s'est passé. » Voilà posée une part de l'énigme qui va concerner la question du dire, d'un savoir jamais « su ». En d'autres termes, elle ne savait rien sur la sexualité, ni les conséquences des rapports sexuels.

Elle raconte sans grande émotion, si ce n'est pour décrire son affolement lorsque les douleurs de l'accouchement l'ont surprise, le déroulement d'une histoire tragique à bien des égards.

Elle insiste sur ce terme « Je ne savais pas ce qui m'arrivais, je n'avais pas mal, mais une envie de pousser comparable à une envie pressante d'évacuer ! » Cependant, elle avait le sentiment étrange que cette envie semblait être d'une autre nature. A un moment où les poussées se font plus fortes, elle est prise de panique, seule dans sa voiture. Elle s'arrête au bord d'un fossé, descend au fond et dans l'impossibilité de maîtriser cette poussée qui venait lui imposer quelque chose d'étrange, elle expulse et dépose ainsi ce nouveau-né après un arrachage forcené du cordon.

Sur ce moment du récit, elle ne peut en dire davantage, si ce n'est : « Je ne savais pas ce qui se passait en moi ! » Est-ce du côté du déni, ou d'une ignorance consécutive à une éducation fruste ?

Comme nous l'avons déjà souligné plus haut à propos de comment s'impriment les marques, nous avons dans cet épisode tous les éléments d'un réel lié à l'événement ; ils vont s'inscrire dans son être de femme, et ce qu'elle peut en transmettre au nouveau-né, s'il avait survécu, sous la forme du traumatisme qui laisse des traces. Nous sommes au cœur de la problématique du drame de cette femme, le manque d'un savoir, sur la vie, la mort, le sexe, qui lui a fait défaut lorsque la pulsion lui a imposé sa loi. Que savait-elle des émois de son corps de femme, sollicité par le partenaire ? Peu de chose en réalité. Elle découvre par l'urgence qui la concerne un des aspects de la réalité sexuelle.

Peut-on parler de désir d'enfant, d'une relation d'amour ? Elle fait en tout cas la triste expérience du « rapport sexuel », du hiatus probable de ce corps-à-corps auquel elle semble soumise. Ce qu'elle laisse entrevoir par contre, c'est l'effroi à la vue de ce cordon qui la reliait au nouveau-né, sans doute ce sentiment d'être attachée, prisonnière, d'où ce geste spontané de s'arracher à lui comme pour se libérer. L'immaturité affective semble orienter les choses du côté d'une personnalité dépendante et soumise. Néanmoins, elle est suffisamment intelligente pour comprendre l'ampleur des dégâts que son ignorance va produire ; ceci dit, voulait-elle savoir, pouvait-elle questionner, qui ? Il me semblait que l'inculture masquait tout de même quelque chose d'obscur et de profond. Un sentiment qui la rongeait dont elle ne pouvait pas se détacher ! On retrouve ce mot « détacher », le sens qui lui est assigné semble symboliser à la fois l'attachement et la tache, comme la bavure d'une faute à expier !

Poursuivant le dialogue, plus détendue, Claire va nous révéler un peu mieux les mécanismes défensifs mis en œuvre sur le plan intellectuel, mais surtout les conséquences des carences affectives et culturelles.

Peu à peu, moins apeurée, elle se laisse aller dans un transfert conciliant, comme si, libérée d'un poids, elle retrouvait des paroles, ce qui va donner une autre tonalité à son discours, en tout cas plus d'amplitude et de précisions.

Regardons maintenant du côté du socle familial quels sont les signifiants susceptibles de la représenter, pour comprendre ce fonctionnement. Les tabous font force de loi dans une famille modeste, mais référencée à des valeurs traditionnelles culturelles – milieu rural – qu'on ne discute pas ; le travail, la morale, la religion. Le système de lien à la fois discret, mais respectueux des échanges dans le village, peut paraître rassurant tout en intriguant !

Claire est la quatrième d'une famille d'agriculteurs, quatre filles et trois garçons avec lesquels elle semble avoir de bonnes relations, même si les liens paraissent superficiels, conventionnels. La banalité des échanges semble exclure ce qui concerne les choses plus intimes, par exemple la sexualité, les histoires amoureuses, ça doit rester dans le « secret ».

La curiosité n'est pas son fort, elle suit le mouvement, c'est-à-dire les ordres auxquels elle souscrit sans sourciller. Son discours fait apparaître l'absence d'initiatives personnelles ; indifférente mais craintive, elle subit les événements sans chercher à comprendre.

Pourtant, elle va bien être active et participante dans la rencontre avec son ami. C'est dans une fête de village qu'ils vont échanger autrement. Elle danse avec lui, se prête à ses sollicitations sans désirer, se laissant aller à la demande de son ami, sans pouvoir anticiper les conséquences du rapport sexuel, de cet acte amoureux.

Elle répétera, avec toujours les mêmes mots, avec la même intonation monocorde : « Je ne savais pas ce qui m'arrivait, je croyais que c'était normal ! » Cette ignorance et ce silence qui règnent dans son entourage, ses sœurs, son copain, paraissent étranges cependant, je ne la sens pas dans l'opposition. Peu à peu, j'ai plutôt l'impression qu'elle s'éveille, réagit, et veut aussi me faire plaisir. Cette attitude coopérante va aider à revenir sur ce moment tragique de la délivrance.

Sa complaisance ou sa naïveté désarme, mais sa parole plus « vraie » autorise une écoute plus fidèle du moment de l'accouchement. Je la questionne sur les changements corporels qu'elle aurait pu percevoir. Elle ne s'est jamais inquiétée de l'absence de ses règles, elle dit ne pas avoir senti en elle de bouleversements particuliers qui auraient pu l'inquiéter, tout juste a-t-elle un peu grossi, mais elle n'en a jamais parlé à son copain. Les relations sexuelles se passaient dans les champs ou dans la voiture !

Cette surdité sur la réalité m'étonne, faille du système défensif, s'agit-il d'ignorance ou de dénégation ? Je vais bénéficier du climat transférentiel plus favorable pour aborder autrement l'acte de délivrance, apercevoir, saisir au plus près ce qui revient à la surface, ces images accompagnées de mots brefs, issus des profondeurs, comme pour traduire l'indicible de l'horreur. Lorsque Claire évoque la rupture du cordon ombilical, l'émotion la saisit, plutôt la stupeur face à la force, voire la violence utilisée pour arracher cet enfant de son corps. Ce qui émerge alors, c'est la peur, un anéantissement, comme si elle ne trouvait pas de solution autre… elle n'en veut rien savoir de cette « chose étrangère » dont elle ne veut pas, elle pressent la honte qu'elle va devoir supporter : « Je ne peux pas faire autrement ».

Sur la naissance, la conception d'un enfant, Claire reste évasive, « Je ne savais pas, je n'ai jamais été informée ». Elle n'a jamais cherché à savoir. Pour elle, faire l'amour, c'est comme s'embrasser. Ce qui s'ensuit, ce reste qu'on expulse, « l'enfant, c'est presque magique » dit-elle, comme pour conjurer le tragique. Pourtant elle semble s'inscrire culturellement au sein d'une famille où l'appartenance religieuse, le groupe, la « famille nombreuse » sont des valeurs fondamentales. Ces valeurs sont égrenées sur un mode qui ressemble plus à un cantique qu'à des convictions. Privée de communications, isolée d'un contexte social multiculturel, a-t-elle eu la possibilité d'exercer une critique, discuter les divergences, faire un autre choix que celui dicté par la famille ? Elle a cru que le « secret » pouvait la protéger !

Sa mère a souvent, dit-elle, laissé échapper des paroles relatives à la fatigue qu'occasionnait une famille nombreuse. C'était un fardeau difficile à supporter. Elle a entendu ces propos comme une plainte aux relents sacrificiels. Mais dans cette famille, on ne parle pas de ce qui est douloureux, on subit, et on se tait. Le secret est la marque du « non-dit », mais aussi de la faute, de la culpabilité.

On apprendra à l'occasion de l'enquête systématique de personnalité que, précisément, le « secret » a été mal mené. Le caractère diffamatoire de la culture paysanne, l'esprit sournois, intrigant, des rapports, le qu'en-dira-t-on ont mis à l'épreuve jadis ce « secret » personnel. Des propos malveillants, divulgués en sous-entendus suspects, témoigneraient d'un avortement que sa mère aurait fait à l'âge de 18 ans. L'information reste brève, on sait seulement que sa mère s'est mariée, plus tard, avec un homme qui lui a redonné son honorabilité, un « Nom », acte important, sans paroles mais inscrit.

Je me suis beaucoup interrogée sur le climat affectif de cette femme, sans doute abandonnée, déshonorée, montrée du doigt. La rumeur a véhiculé des signifiants inspirés de la calomnie, arme redoutable. Comment a-t-elle vécu intimement ce drame ? Elle s'est réfugiée dans le silence, avait-elle d'autres choix ? Ce « secret » comme défense contre la pulsion de mort a sûrement protégé un narcissisme défaillant.

Assujettie au « conflit interne », aux émois et aux interdits d'une culture où les règles ne supportent pas la transgression, le « secret » l'a aidée à refouler ses peines, il a alimenté le sentiment du devoir accompli, d'une dette qui n'en finit pas.

Voilà comment l'inconscient a transmis à Claire, la quatrième fille, l'héritage de ce signifiant « secret ». Il contient, sans doute, les ingrédients bruts d'une blessure qui laisse des traces, mais ne peut se parler. C'est dans ce sens que le secret exerce aussi l'illusion de protéger ce légendaire et nécessaire « jardin secret », ultime recours aux histoires d'amour de tout être humain. Je fais l'hypothèse que l'on retrouve aussi dans l'histoire de Claire les méfaits de la calomnie. Cela m'évoque une phrase de Beaumarchais, dans *L'éloge de la calomnie*, ce passage de Basile dans le dialogue avec Bartolo : « La calomnie, Monsieur, vous ne savez guère ce que vous dédaignez, j'ai vu les plus honnêtes gens prêts d'en être accablés. D'abord un bruit léger, rasant le sol comme une hirondelle avant l'orage, pianissimo, murmure et file, et sème en courant le trait empoisonné, etc. »

« Telle bouche le recueille et piano, piano, vous le glisse en l'oreille, adroitement. Le mal est fait, il germe, il rampe, il chemine, et rinforzando, de bouche en bouche, il va le diable. Puis tout à coup, on ne sait comment, vous voyez Calomnie se dresser, siffler, s'enfler, grandir à vue d'œil. Elle s'élance, étend son vol, tourbillonne, enveloppe, arrache, entraîne, éclate et tonne, et devient, grâce au Ciel, un cri général, un crescendo public, un chorus universel de haine et de proscription. Qui diable y résisterait ? » C'est ainsi que se transmet, de parole en parole, le redoutable signifiant.

Dommage que cette femme, dans son épreuve, n'ait pas pu trouver un espace, ou quelqu'un pour pouvoir dire, trouver, élaborer une autre solution.

Chaque histoire est unique, elle révèle toujours le signifiant originaire qui la constitue, même si l'on retrouve souvent du même, accompagné du différent.

L'histoire d'Ode

Ode va nous raconter son histoire avec d'autres signifiants d'un désir contrarié, qui a vécu une autre tragédie. Mariée depuis huit ans à un homme de dix ans son aîné, situation confortable, cadre supérieur, ils ont fait le choix qu'elle resterait femme au foyer. Au préalable, elle avait fait des études universitaires « littéraires ». Elle aurait voulu enseigner, sans grande conviction.

Dans la continuité de ma fonction d'expert, je rencontre Ode à la prison. C'est une jeune et belle femme de 35 ans, au regard fuyant, bizarre dans sa façon de se présenter : là et ailleurs, détachée de la situation pour laquelle je viens la rencontrer : infanticide. Son attitude indolente, indifférente sans être toutefois opposante, me fait douter de ses capacités intellectuelles. Je respecte longuement son silence et soutiens son regard égaré, puis l'invite à me donner des nouvelles de sa santé. Spontanément, elle se met à me parler de sa situation, comme si l'invite que je venais de lui adresser, à propos de sa santé, avait pu déclencher en elle du vivant douloureux !

Ode va alors me décrire des scènes hors du commun, avec un certain sang-froid. C'est en déplaçant l'acte qui la concerne pour parler de son mari, de comment il a découvert ce bébé sans vie, qu'elle va pouvoir se livrer.

Alors qu'il recherchait un outil dans les annexes de la maison, le mari d'Ode découvre le cadavre d'un bébé dans le frigidaire qui servait à ranger des provisions. Stupeur chez cet homme qui dit avoir ouvert instinctivement ce frigidaire peu utilisé. Il était loin de s'imaginer qu'il s'agissait de leur enfant. Bien sûr, il questionne Ode et avertit la police ; le système se met en route.

Ode nie d'abord qu'il s'agit de leur enfant, né il y a un mois. Au cours d'une crise de larmes, elle avoue ne pas avoir pu parler à son mari de ce qui se passait d'étrange dans son corps. Elle n'était pas dans l'ignorance que les relations sexuelles subies, qu'elle avait avec son mari, pouvaient déboucher sur une grossesse. Mais de cet enfant elle ne voulait pas. Etre mère, et surtout accoucher était quelque chose qui l'effrayait ! Le souvenir de l'histoire de sa mère la hantait : elle lui avait raconté sa souffrance lors de la délivrance de son propre accouchement, et fait qui la troublait en l'évoquant, une hémorragie au cours de laquelle le sang avait coulé abondamment, ce qui avait fait courir un risque de mort pour la mère et l'enfant.

Cette histoire de sang qui coule lui revient, elle insiste sur le « signifiant » mortifère, transmission qui a du sens ! Que me dit-elle là d'un désir de mort, accompagné d'une angoisse profonde et aussi d'une culpabilité ?

Il m'a fallu du temps et une écoute particulière pour comprendre et saisir le cheminement de son acte. Ce fut d'autant plus laborieux qu'elle va alterner entre des moments de silence, d'hébétude, de prostration, et des moments où elle va lâcher quelques bribes d'une histoire compliquée.

Je reste dans une écoute silencieuse, neutre et bienveillante, la laissant libre de son récit. Je dois dire que du point de vue de la clinique, je me pose la question du « vrai » ; cette inflation de l'imaginaire, cette aisance à l'utiliser me préoccupent.

Par contre, ce qu'elle me raconte avec assez de précision et d'authenticité, ce sont les premiers signes de la vie de ce fœtus à l'intérieur de son être de femme. Là j'ai le sentiment de saisir comment le corps qui ne ment pas impose sa loi. Surprise, et prise de panique, cette chose étrangère qui bouge en elle ne lui appartient pas, me dit-elle, « ce n'était plus moi, ce bouleversement m'inquiétait, me menaçait, cet étranger qui me mettait en danger de mort je n'en voulais pas, mais que faire, comment le rejeter, il fallait que je le supprime ! » Quel court-circuit entre l'imaginaire et la réalité a coupé et détruit une autre solution ? Y a-t-il eu collusion entre ce réel et l'imaginaire pour s'abandonner au passage à l'acte ? « La liberté de l'infanticide, la séparation d'avec ce qu'il y a de plus cher, de plus chair, pour une femme ne serait-ce pas le seul moyen de s'affranchir de la phobie que représente pour une femme la menace qu'il arrive quelque chose à son enfant ? » dit Nicole Loraux dans *Les mères en deuil* ? Ce n'est pas aussi clair pour Ode, cet enfant était vécu comme un intrus, objet fétiche représentant le tribut féminin à l'obsession masculine et aussi la faute dont elle appréhendait la culpabilité. A ce moment de l'entretien, elle pleure et semble attendre le jugement comme la sanction qu'elle mérite, le châtiment du social. Cependant, c'est avec une certaine sensibilité qu'elle évoque ce bébé : « Je ne voulais pas le tuer, dit-elle, mais je ne pouvais pas le garder » ; la honte et la culpabilité vis-à-vis de l'entourage, c'était insupportable.

Nous revenons sur le moment de l'accouchement : « C'était la terreur, l'affolement, je me sentais prisonnière comme punie d'une faute ». Je hasarde : Quelle faute ? Saisissant l'opportunité, elle semble se libérer en abordant dans les larmes le domaine intime de sa vie de femme.

Ode me parle de sa sexualité, elle me dit combien les relations avec son mari étaient pour elle une souffrance dont elle ne pouvait rien dire si ce n'est qu'elle redoutait toujours ces moments, comme une corvée, un sacrifice.

Ses propos sur la sexualité m'évoquent le viol, en tout cas quelque chose d'un traumatisme, laissant une insatisfaction dommageable. Invitée à aller plus loin, à éclairer un peu plus cette tache obscure, elle répond en déclinant une autre version inattendue, celle d'un souvenir intime, sans doute jamais évoqué, « un secret », jalousement gardé, mais à quel prix ! Le « secret symboliquement peut être entendu comme défense contre la pulsion de mort » ! Sa première expérience sexuelle, elle l'a eue à l'âge de 17 ans. Naïve, elle ignorait tout de la sexualité, mais elle va la découvrir en vacances, chez une cousine à la campagne.

Attirée par un homme qui visiblement la séduit, elle va éprouver ce qu'elle désigne comme une « fulgurante émotion ». Cela se passe lors des vendanges, elle était venue pour aider à ces corvées de septembre. La proximité de cet homme plus âgé qu'elle, sa façon de la regarder, de la toucher, lui parler, a éveillé chez elle des émois sensuels. C'est tout naturellement qu'elle l'a suivi le soir dans sa chambre pour y vivre, dit-elle, « quelque chose de merveilleux ». Ce qui l'a, par contre, dérangée, source encore de malaise lorsqu'elle l'évoque, c'est une trace de sang qui a sali les draps suite aux ébats. Cette histoire a duré quelques jours puis l'homme est reparti.

Elle ne l'a jamais plus revu, lui laissant un merveilleux souvenir, dont on la sent encore nostalgique. « Il était beau dit-elle fort, parlait bien et surtout très tendre ! »

Cependant, elle avait appris qu'il était marié ; déçue de ne pouvoir donner suite à cette idylle, lorsqu'elle rencontre son mari qui lui propose très vite le mariage, elle veut y croire, mais dans sa tête elle est toujours avec l'autre, dit-elle. Ce mariage est venu la rassurer sur une instabilité affective et financière, mais, dit-elle, je n'en connaissais pas le prix. Elle est très vite déçue : « je ne m'attendais pas à cet échec de la relation sexuelle ». Elle n'éprouve plus de plaisir, mais elle se soumet au devoir conjugal. Sa vie banale est plutôt triste, sans dynamisme comme si elle se « dédoublait ».

Ses propos vides d'émotions m'interpellent sur la clinique. Tout en restant dans la réalité sociale, elle se retrouvait là confrontée à un réel où quelque chose manquait pour faire amarre et consistance. Cet ensemble de faits dégage une atmosphère confuse, parfois incohérente au point d'altérer la conscience.

Comme si elle voulait effacer quelque chose d'une « jouissance folle », elle revit cette séquence où, submergée par la violence d'une angoisse, elle rejette ce qu'elle portait en elle. Elle n'en dira pas plus sur ce qu'elle éprouve. Que s'est-il passé en elle, à ce moment où le corps lui envoie des signes de souffrance, des pensées qui se brouillent, le rappel du discours maternel sur l'accouchement vécu comme dramatique ? Peurs multiples comme si elles annonçaient l'échéance de la pulsion de mort ! Pourtant c'est seule, sans rien dire à personne, qu'elle va se délivrer de cette vie en elle, et supprimer celle du nouveau-né dans la souffrance et le sang, comme sa mère, dans un climat particulier de silence.

Je repère le signifiant « sang », je fais l'hypothèse d'y trouver un sens. Il a déjà été nommé dans l'héritage maternel, décrivant la naissance comme un évènement qui se fait dans la douleur et le sang. Ce signifiant semble se manifester sur le mode de l'incorporation mortifère. Il est vraisemblable qu'Ode ait pris le versant du drame, sans pouvoir élaborer une identification plus humaine et désirante de la sexualité. Néanmoins, du désir elle semble en avoir éprouvé avec cet homme rencontré pendant les vendanges, avec qui elle a vécu sa première relation sexuelle. Elle décrit ses émois comme quelque chose d'un plaisir inédit, en excès de l'ordre de la jouissance. Ce sera en tous les cas le seul moment où elle manifestera du vivant. Instant bref, témoin d'un réel qui laisse une trace objectivable. Ce qui en transparaît, peut-être, dans ce cas particulier, un élément modérateur de la « confusion mentale » ou de l'effondrement. Ce fait sera important pour moi, il va me permettre d'apprécier le seuil de la pathologie, pour éclairer la justice.

Ce signifiant « sang », on le retrouve donc dans ce moment où elle découvre sa sexualité, et sans doute une jouissance particulière ; il est là, salissant le drap, témoignant de sa virginité et aussi de cette perte connectée avec le plaisir, ce qui donne une autre résonance que celle du drame. Ce cas me fait penser à ce que dit Freud repris par Lacan à propos du « traumatisme » : « S'il n'y a pas d'émotion désirante dans le rapport sexuel, il n'y aura pas de transcription », d'où effacement de la mémoire ou tentative ! Ce qui déclenche le mouvement pulsionnel, ce qui le « cause » reste, en partie, du domaine de l'énigme lovée dans les arcanes de l'être.

Ici, je me pose la question de cette anesthésie d'une parole sur ce qui manifeste du vivant, « ce secret », une autre modalité de « faux pas » qui interpelle et justifie sans nul doute « d'où ça part » ?

Là où l'acte se complique, c'est de saisir ce qui guide les séquences peu ordinaires qui vont suivre. Elle ne sait pas comment se séparer de ce cadavre. Elle ne veut pas du nouveau-né et ne peut se résoudre à le faire disparaître, elle veut le garder comme une relique mortifère, c'est ainsi qu'elle pense au frigidaire comme si elle ne pouvait pas désolidariser la vie de la mort amputant ainsi sa conscience de la capacité d'anticiper les risques judiciaires de la découverte.

Au-delà des mots, scrutant ce qui bouillonne dans ce réservoir de signifiants, je me demande ce qu'elle peut bien vouloir garder dans ce geste criminel. Peut-être tente-t-elle de préserver quelque chose d'un désir qu'elle ne peut assumer, se protéger de l'effondrement ? Elle me donne l'image de chercher désespérément à s'accrocher au bord d'un vide avec comme seul appui la culpabilité d'une jouissance évanouie dans l'absence, la rupture !

Ce silence évoque aussi l'absence d'une présence tierce, exclue de son autorité – un père ou autre –, qui ferait limite, rempart à la violence destructrice.

Ode, à travers son histoire, nous donne à lire la force pulsionnelle de la transmission maternelle. La pulsion est une puissance et non un instinct. M'appuyant sur la perspective freudienne, je délaisse l'histoire spectaculaire, l'évènement sensationnel, pour chercher l'origine de ce qui met en cause le « moi » dans les replis de ces évènements qui ont à voir avec de l'archaïque.

Tous ces remous issus des profondeurs suscités par l'évènement, ces dits, non-dits, secrets font émerger des manques, des blessures issus d'un traumatisme.

Défile en moi le film de ces évènements, je questionne, je me dis : « le secret d'une histoire est peut-être d'abord sa force d'inertie » : métamorphoses avortées, passions inhibées, désirs refoulés, croissances arrêtées, fossiles où se déchiffre l'énigme du vivant, archives ensevelies sous les éclats bruyants de maints verres brisés !

Ecouter, entendre, donner une signification à ces bouts de réel transmis d'abord par le corps, la voix, le regard, le mouvement corporel relève parfois de ce qui se tait, ce qui se terre ! Pourquoi ce silence ? Y a-t-il eu de l'inexistant, du non-reconnu dans le système de transmission maternel ? Tels sont tous mes questionnements !

Les mots « vide » et « rien » émaillent régulièrement les discours, comme si le fait de les énoncer pouvait signifier à propos de « vide » un espace existant pour accueillir des émois dont les inscriptions restent illisibles ! Désillusions, espoirs déçus, jouissance qui n'en finit pas… tandis que « rien » serait plutôt cette sensation d'anéantissement, de « trou », l'effroi de ne pouvoir y survivre !

Il me semble que ce qui fait force d'attraction, cette pulsion première, c'est le corps concerné qui transmet, il voit, il sent, il éprouve, et se jette dans l'autre qui accueille, ça n'est pas toujours pur hasard ! Le jeu des mots existe, comme mise en jeu du corps parlant, s'articulant et jouant entre eux comme les corps jouent dans l'amour, sans « mot dire »… Or, c'est en parlant qu'on pourra s'approcher de ce qu'il y a de plus vif dans ce qui nous détermine.

Le symptôme comme autre phénomène de transmission

Poursuivant ce travail sur la question des mères, le pouvoir qu'elles impriment dans les phénomènes de transmission, j'ai choisi d'observer comment cela se passe dans d'autres lieux. Voici donc quelques exemples, issus des consultations en dispensaire et hôpital de jour où j'ai exercé de nombreuses années.

L'approche est différente du milieu carcéral et de la justice, mais comme nous allons le constater, les fondamentaux qui conditionnent l'être humain sont à l'œuvre au quotidien de la dynamique humaine chez tout individu, qu'il soit emprisonné ou libre, les pulsions de vie et de mort animeront toujours les actes de vie, laissant peu de marge à cette liberté toujours revendiquée !

Laure est venue consulter en dispensaire. Elle demande à être aidée pour comprendre un symptôme qui la fait souffrir et surtout gêne ses relations aux autres. C'est un problème de violence qui s'exprime par sa voix aux accents particuliers. Laure est l'aînée d'une famille de trois enfants, elle a deux frères très aimés par la mère, dit-elle spontanément. Elle va parler de cette mère dont elle a toujours été le soutien. Elle était l'aînée et devait assumer les corvées du quotidien, ses frères en étaient dispensés. Elle se sent mal aimée, non reconnue, voire niée, dira-t-elle, c'est déjà difficile pour elle d'être une fille !

Cette violence qui la fait souffrir s'exprime par l'intensité des décibels qu'elle sollicite pour dire son désaccord. Soudain confrontée à une contrariété, une injustice, elle va exploser, sa voix fait peur. Cette attitude l'isole dans le milieu professionnel et aussi familial. Plusieurs échecs amoureux ont accentué un sentiment de dépréciation narcissique. Elle doute d'elle, de son désir, mais paradoxalement elle est toujours dans un combat comme pour se faire reconnaître, tenter d'imposer un « droit » !

En consultation, elle se présente toujours sur un mode discret, timide, voire effarouché, la voix à peine audible. Souvent enrouée, elle racle en permanence sa gorge, comme pour dégager un passage !

Ce signifiant « voix » la situe d'emblée comme quelqu'un de fragile, en tout cas de vulnérable. En ce lieu de consultation, j'anime un groupe de parole à visée thérapeutique, auquel elle me demande de participer, avec un désir évident de se confronter aux autres !

J'accepte sa demande. Elle en accepte les règles. Elle participe activement aux échanges, elle fait preuve de pertinence dans ses interventions, un ton très nuancé accompagne certaines critiques.

Toutefois, à un moment, cette expérience va la confronter à un désaccord avec une autre participante dont elle désapprouve les commentaires, et là, soudain, changement de ton, sa voix tonitruante s'élève pour contester, avec une force et une violence inouïe, qui surprennent très fort. Devant l'effet de frayeur que provoque cette sonorité inattendue, j'interromps le dialogue. Après un certain silence, je vais questionner l'objet de cette intervention.

Cette voix soudaine, intense, impressionne. Elle semble venir révéler quelque chose d'un réel traumatique ancien. Quelque chose d'inscrit, pas pris dans le langage, hors du sens du symbolique !

Ce symptôme qui opère sans limite, en continu, vient là comme un évènement du corps. Il n'est rien d'autre que, dans et par le corps, cette effraction insoluble de contradictions profondes. Cet émoi suscité par l'incorporel – la voix – se signale comme une marque douloureuse. Une parole a pu identifier d'où venait ce ton qui foudroie, anéantit par sa force, associé à son inscription, sans doute en lien avec le choc du désamour et aussi du non-reconnu.

J'ai pu faire avec elle un travail de traduction. Il lui a permis, je crois, de reconnaître ce signifiant corporel comme héritage maternel.

Sa mère, professeur de mathématiques, a eu elle aussi une histoire douloureuse avec sa propre mère. Enfant non désirée, très tôt elle a été obligée de se débrouiller seule et de faire le deuil d'un amour maternel, de l'absence d'un père. Brillante sur le plan scolaire – et ce fut sa revanche –, elle se fait remarquer dans sa fonction de professeur, ce qui lui donne une reconnaissance sociale et aussi une autorité qu'elle exercera sur ses enfants. Cette réussite professionnelle détermine chez elle un pouvoir, des sentiments confus, fierté, séduction, elle laisse peu de place à l'affect, occupant surtout une place de « chef » vacante dans son couple. C'est ainsi qu'elle va éclipser un père passif qui cède sans protestations une fonction d'autorité.

C'est elle qui décide, sélectionne ce qui est bien, oriente les enfants en fonction de ses idées et de son désir. Cette femme a aussi subi un traumatisme lorsqu'elle a dû quitter l'Algérie, pays où elle est née. Elle a dû prendre en charge le retour de sa famille, et se souvient des cris, des pleurs entendus, ce qui lui a probablement forgé ce caractère et la puissance d'une voix qui lui a permis de s'imposer, de survivre. C'est sans doute à ce moment de l'exode que ce signifiant « voix » s'est distingué, hors norme, déjà inscrit dans son histoire.

Ce climat, Laure le subit, absorbe et imprime les signifiants qui vont la soutenir dans sa construction.

Rebelle, elle va d'abord les combattre avant de les identifier pour en pacifier, longtemps après, les effets. Sa priorité, satisfaire aux exigences de cette mère pour en avoir quelques bienfaits affectifs. Sur le plan scolaire, elle réussit brillamment, comme sa mère, des études scientifiques. Ces études vont l'éloigner de ce modèle despote, envahissant, tout en lui garantissant, dans un premier temps, la réussite.

Les choses vont se gâter pour elle lorsqu'elle trouve un premier emploi dans un laboratoire pharmaceutique où elle doit satisfaire à des responsabilités dans un groupe de travail. Elle déchante, critique cette place, n'étant plus soutenue par le statut d'étudiante, elle doit faire face, donner l'exemple, diriger en somme, place qu'a toujours occupée sa mère, qui dirigeait sans jamais céder au désir de l'autre ! Des failles vont apparaître et la précipiter dans des actes manqués (retards, oublis, réflexions désobligeantes...) qu'elle ne peut anticiper, ni rattraper. Ce sera alors l'escalade. Certes, elle sait faire preuve d'autorité, de bon sens critique, mais le ton froid, sans concession de ses ordres ne suscitera pas l'adhésion, il produira peu à peu cet isolement dont elle va souffrir.

Ses compétences ne suffiront pas à atténuer le dégât d'un comportement qui devient insupportable. Il va aboutir à un renvoi qui va justifier un procès qu'elle défendra bec et ongles seule. En consultant le droit, elle va gagner ce procès. Confrontée à une autorité qu'elle a toujours subie sans pouvoir la contester, elle va affronter enfin un Père déguisé en Loi. Elle exploite son savoir personnel, autre héritage maternel, et développe une logique implacable, lui assurant l'argumentation rationnelle et légalitaire d'un jugement. Elle est reconnue dans son droit mais épuisée dans son être de femme.

De cette épreuve dira-t-elle plus tard, j'ai puisé tous les ingrédients de l'héritage maternel, la dimension intellectuelle, mais aussi l'angoisse devant les failles de la sphère affective, le désarroi devant le rejet, la puissance du refoulé mais aussi du nié. Elle questionne toujours l'amour de la mère. Elle restera accrochée à elle comme à une énigme qui ne peut se résoudre, jusqu'à un moment, bien plus tard, où les rôles s'inversant, elle a pu prendre une place de protectrice à l'égard de cette mère, et entendre qu'elle l'aimait !

Un autre moment fort de son histoire personnelle est la maternité. Comme la pulsion qui n'en finit pas de revenir toujours à la même place, elle va retrouver sa mère à travers cette expérience de femme.

Dans sa famille, c'est le premier petit-enfant qui s'annonce avec sa maternité ; cet évènement remplit de joie sa mère, qui va être grand-mère pour la première fois. Cependant, pour Laure, cela va être l'occasion de s'affronter à sa mère en ce qui concerne l'accouchement.

Le couple, qui adhère à un mouvement conseillant la naissance dans un milieu naturel, va choisir cette solution, immédiatement décriée par la mère. Entre fille et mère, c'est un autre combat qui s'engage, les arguments de part et d'autre animent la réflexion ; la mère dénonce l'irresponsabilité des jeunes, néanmoins, Laure impose sa décision, elle accouchera à la maison.

Furieuse, la mère sent bien qu'elle n'a plus l'autorité de jadis, elle ne cesse cependant d'intervenir pour décourager ce choix, mais en vain ! Les neuf mois de gestation se passent dans de bonnes conditions. Mais je fais l'hypothèse qu'il y eut quelques résonances troublantes de ce conflit mère / fille sur le fœtus.

Que s'est-il passé le moment venu de la délivrance ? Y a-t-il eu souffrance ? Cet enfant n'a vécu que quelques minutes, illustrant ainsi la naissance comme passage « traversé par la pulsion de mort » ! La déception fut grande pour tout le monde, mais cette petite fille qui n'a rien voulu savoir de la vie va néanmoins faire la place un an après à une autre petite fille bien vivante celle-ci et réconcilier mère et fille !

Parfois, le premier enfant fait la mère, la crée, il essuie les plâtres ! C'est sans doute ainsi qu'il trace l'inconscient ! Cela explique que ce n'est pas facile de se libérer de l'assujettissement à la mère !

Cet exemple, à lui tout seul, requiert tous les critères fondamentaux qui structurent l'être humain : la demande d'amour, de reconnaissance, la différence, les phénomènes d'inscription, de transmission par l'intermédiaire du « signifiant », sa fonction de boussole, de repérage des traces griffées par tous ces évènements traumatisants.

J'imagine aussi de cette façon ce signifiant organisateur d'un système, logé dans ce lieu « d'où ça part » : « Il court comme le furet de génération en génération, il vient questionner une place vacillante, celle du père, d'un amour incertain, peut-être illégitime, une marque qui fait mal ». Quelle peut être cette puissance magique qui vient là, animée d'une force attractive, contrarier la pulsion, bousculer un réel qui obstrue le désir ?

Il est intéressant de souligner que ces femmes de caractère sont accompagnées d'hommes effacés, en tout cas peu causants. Ils sont néanmoins présents à l'occasion de certains évènements, mais peut-il en être autrement ? Le veulent-ils ? C'est le choix qu'ont fait ces femmes. Le désir d'enfant nous ramène toujours à la sexualité !

Le signifiant rebelle

C'est une autre histoire dramatique que j'aborde, introduite par « un signifiant rebelle ». Inscrit dans l'anonymat, il n'a jamais pu se dire.

Chris écrit avec son histoire une autre version d'aliénation à une mère mortifère. C'est en se découvrant par le signifiant qui la représente (désir ou non-désir d'un couple) que Chris cherche désespérément sur un mode tragique un sens à sa vie. Après trois tentatives de suicide, des retrouvailles intimes avec son être de femme, et décide de revisiter son histoire, elle s'engage dans une psychothérapie qui va durer quelques années.

Elle doit interrompre ce travail, suite au départ de sa thérapeute. Cette rupture l'ébranle, et lui rappelle l'abandon ! C'est à ce moment-là qu'elle vient en consultation.

Chris a toujours su qu'elle n'était pas désirée par sa mère. Celle-ci lui a toujours fait part de sa déception, voire de son rejet, elle ne voulait pas de cet enfant. La violence de cet aveu a fait chez Chris traumatisme. Elle surmonte ce rejet avec une volonté de s'imposer, de se faire aimer, mais cela n'est pas sans problèmes !

L'interrogation incessante sur son existence la torture profondément. Y est associée l'empreinte de la maltraitance, génératrice d'une angoisse existentielle qu'elle a tenté de contourner coûte que coûte !

Je reste persuadée que c'est ici que se sont noués les actes fondateurs d'une structure, pathologique sur laquelle je reviendrai. Néanmoins, c'est avec des qualités riches et variées qu'elle s'est habillée d'une parure narcissique séduisante : belle, élégante, d'une gentillesse excessive, elle manifeste des dons pour tout ce qui exige de la créativité : peinture, chant, musique, etc.

Elle a tout subi, tout fait pour être aimée de cette mère vraisemblablement mélancolique. Trait identificatoire qu'elle a accroché à son insu. Elle pense qu'elle est un enfant adultérin, d'une liaison que sa mère aurait eue, mais n'a jamais avouée.

C'est un « signifiant » errant sous le couvert d'un « facteur rhésus » qui va trahir ce secret et la faire douter !

A la suite d'une transfusion de sang qu'elle a dû recevoir, suite à une intervention chirurgicale, l'identification du groupe sanguin souligne un désaccord avec la lignée familiale. Bien sûr, c'est le moment pour elle de questionner sa mère : d'où vient ce groupe sanguin étranger à la famille ? Celle-ci ne dément pas, laisse planer un doute mais ne veut rien lui dire sur cette adresse.

Elle fouille cette trahison, veut savoir le nom de son éventuel père, guette les indices de la faute maternelle pouvant lui expliquer le désamour qui la fait souffrir, mais surtout de qui est-elle la fille ? Y a-t-il eu du désir, de l'amour ?

Elle a cependant un père qu'elle a adoré, et dont elle dit avoir reçu beaucoup d'amour. Dans certains domaines, elle s'est identifiée à ce père, aussi très créatif, qui lui a légué des dons artistiques reconnus. Cette part d'amour, inscrite en elle sur un mode certes ambigu, semble authentique et l'a probablement aidée à survivre.

Marquée dès la naissance par un profond sentiment d'abandon, elle se vit comme un reste, « objet méprisable » qui doit faire toujours ses preuves pour exister, être toléré par cette mère très belle qui la fascine, qu'elle aime et admire.

Elle va tenter de s'extraire de cette existence triste. Elle se marie avec un homme qui l'aime sincèrement, avec qui elle va avoir un enfant. Elle semble comblée, mais que manque-t-il en elle pour accueillir cet amour, donner ce qu'elle n'a pas ?

Pourtant, Chris va développer beaucoup d'amour autour d'elle, tout un potentiel d'aptitudes léguées par sa mère pour réussir tout ce qu'elle entreprend, surtout être reconnue, regardée, donc aimée.

Elle réussit brillamment, mais son parcours professionnel se réalise sur le mode de l'équilibriste au gré de « semblants » qui lui donnent une illusion d'exister enfin ! Malgré tout, elle semble heureuse ! Pourtant, elle ne cesse de combattre ce qui, d'une identification à sa mère, pourrait la déstabiliser, lui nuire, entre autres le côté rejetant et superficiel.

Elle est excessive dans les sentiments qu'elle exprime, elle satisfait sans restriction aux demandes qui lui sont adressées. Cependant, en elle, quelque chose la taraude, la cause d'une insatisfaction profonde. D'où vient ce sentiment étrange de tristesse, comme si elle ne pouvait pas accrocher son « désir » ?

Son couple ne va pas résister, elle se sépare en évitant les conflits, elle refoule, mais cette rupture rappelle la douleur d'une autre séparation et le manque qui fait « trou » traumatisme !

Elle chemine, toujours très active ; sa réussite professionnelle est garantie, elle rencontre un homme qui va changer sa vie. Avec cet homme qu'elle va aimer et admirer, elle va vivre autrement, découvrir beaucoup de choses nouvelles, entrer dans une autre culture.

Avide de savoir, elle est comblée, mais a-t-elle comblé son « manque à être » ? Dans la relation amoureuse, elle retrouve entre autres des signifiants maternels, la voix, le regard, ce qui l'attache passionnément à cet homme. Elle vit dans une atmosphère d'abnégation, souvent inquiète, sensible au moindre faux pas, comme si elle redoutait la trahison qui pourrait ébranler son narcissisme. Elle a peur de perdre, de ne plus être aimée, comme elle le fut de sa mère. Elle se retrouve toujours confrontée à la puissance de cette identification à sa mère ! Comment s'en libérer, soupire-t-elle souvent ?

Elle va vivre quelques années apaisée, très dynamique, jusqu'au moment de la retraite où cet équilibre semble se craqueler !

C'est le moment d'abandonner une place représentative, un statut social valorisé, des repères. Elle redouble alors de combativité mais s'affaiblit, se laisse envahir par un courant dépressif redoutable puisqu'elle va faire plusieurs tentatives de suicide comme sa mère, qui, jadis, s'est suicidée.

Malgré des soins, elle ne retrouve pas la sérénité. Elle lutte, supporte mal les traitements qui la diminuent. Son attitude se modifie ; le regard fixe devient insoutenable, se perd à l'infini, comme désorienté. Son corps accuse la lassitude. Elle ne dit plus rien de sa souffrance, alors qu'elle était volubile, elle dérive dans le « dés-être ». Sa mélancolie a pris une place radicalement Autre, à elle-même étrangère, elle porte plainte contre elle, en dehors de toute métaphorisation. Le dialogue était rompu.

Sans doute, cette traversée lui a fait éprouver cet impossible du désir, tuteur du désir sexuel et de vie tout simplement ! Ne plus pouvoir donner à voir, ne plus savoir renoncer à n'être qu'une femme qui perd de ses apparats, de son désir, devient insoutenable, elle a renoncé à vivre.

Du point de vue de la clinique, je fais l'hypothèse que cette question lancinante du désir, éprouvé ou non par sa mère pour un homme, peut-être son père biologique, a nourri tout un système fantasmé, sans doute entré en collusion avec la réalité. Du père, il y en avait, valorisant pour elle ! Ce sentiment porté à son paroxysme de la recherche d'un autre père, cette fascination pour sa mère, mais aussi son rejet, ont sûrement fait le lit à un masochisme féroce avec cette interrogation : pour Chris le silence sur ce père, qu'elle imagine, le désamour maternel, ont probablement redoublé la pulsion de mort. Le secret d'une absence survivante était devenu entre eux un obstacle à toute possibilité de rencontre.

C'est peut-être dans le caractère d'« absolu » de ces sentiments, et le manque, que gît l'acte violent choisi pour quitter la vie (elle s'est défenestrée). Sa mort garde sa part d'énigme !

Sur le désir et les somatisations

D'autres phénomènes de transmission m'ont été donnés à constater dans les consultations, hommes, femmes, c'est toujours avec le symptôme qu'ils se présentent.

Je pense à Julien, venu consulter pour des angoisses qui l'envahissent et l'empêchent de vivre. Avant de saisir ce qui se passait en lui, il a fallu déplier son histoire. Je l'oriente très vite sur son enfance. D'ailleurs, il parle spontanément de sa mère, qu'il dit « déjà enfermée dans son être avant sa naissance ». Cette femme perd un enfant d'une méningite foudroyante, pendant sa grossesse au sixième mois. Très croyante et pratiquante, elle s'en remet à sa foi pour assumer son désespoir. Julien va absorber le discours maternel, fait d'une suite de prières, d'injonctions frisant le délire !

Julien est pétri de ces émotions, de ces paroles qu'il ne comprend pas. Elles vont s'inscrire en lui, sous le vocable d'une « voix autre », venue d'un ailleurs qui l'intrigue et l'inquiète. « Que veut cette voix qui m'habite, d'où vient-elle ? » En tout cas, elle va nourrir, avec l'angoisse, beaucoup de culpabilité.

Julien aura beaucoup de mal à apprivoiser ce discours maternel, cette forme d'injonction qui le force à obéir sans doute au désir de sa mère, à supporter les effets de sa souffrance. Il va ainsi se perdre dans son désir.

De son désir à lui, longtemps, il ne saura rien, se confondant, se perdant dans des comportements boulimiques qui lui permettent de rester accroché à des semblants. C'est ainsi qu'il vit une sexualité débridée, une consommation de femmes sans désir mais elles lui permettent d'assurer sa virilité et une place dans la réalité.

Il s'engage dans une recherche sérieuse de savoir « qui il est ». Il questionne l'amour, surtout cet amour maternel. Serait-il un vain mot, quelque chose qui se décide culturellement ou soumis à la contingence ? Il lui faudra du temps pour dénouer son histoire, comprendre que l'amour comme tout amour est structuré par le langage. Il réduit le partenaire à n'être que l'objet qu'appelle la division subjective, à savoir : « Qu'est-ce que je veux et demande ? Comment tout cela m'éprouve et me divise ? » Il y trouvera des réponses et un certain équilibre.

D'autres hommes sont venus avec leurs symptômes questionner leur désir. C'est souvent des défaillances qu'ils vont rencontrer dans leurs relations amoureuses qui font l'objet de la démarche. Je constate les difficultés qu'ils ont à faire le lien avec l'amour. Ils ne supportent pas cette atteinte à leur virilité. Ils ont d'abord essayé d'autres moyens pour restaurer la puissance. Contrairement à la femme qui se trouve en difficulté dans son désir d'enfant par exemple, comme nous l'avons vu dans les cas, pour eux, c'est plutôt l'atteinte du corps par les somatisations de tous ordres. Ils sont gouvernés par la pulsion. Ça peut aller de la sensation d'arrachement d'un membre à l'effondrement. Ils sont beaucoup moins protégés de la culpabilité que les femmes ! Ces différences au niveau de l'éprouvé m'évoquent cette formule de Kant : « L'homme est facile à connaître, la femme ne trahit pas son secret ».

Cependant, quelquefois, on assiste à des aveux concernant leurs émois qu'ils ne comprennent pas toujours, surtout lorsqu'ils font lien avec l'enfance ! Je pense particulièrement à un patient, sidéré de retrouver dans son émotion avec une femme du déjà-connu, enfoui dans le chapitre de ces choses inoubliables déjà connues avec la mère !

A ce propos, j'adhère à une formule et aux réflexions d'Aldo Naouri[13] dans *Les filles et leurs mères.* Il dit ceci :

---

[13] NAOURI Aldo, *Les filles et leurs mères.* Une autre vision du lien, de la transmission : « L'insistance sur la structure, qui n'est rien d'autre qu'un appareil aux caractéristiques précises forgé à un âge très précoce et parachevé à peine plus tard, qui permet au psychisme de filtrer et de coder toute information en termes de vie et de mort puisée, entre autres éléments concourants, dans la relation à la mère en fonction directe de l'étalonnage de cette relation. Il démontre que

« Tout amour, qu'on soit homme ou femme, se rejoue en effet sur la base du premier amour porté à la mère. On espère chaque fois en retrouver la tonalité ou l'accent. Vainement cependant. Ce qu'il importe de savoir c'est qu'il ne peut pas en être autrement. » Sans doute cela rejoint-il la problématique de la différence, l'asymétrie que constitue un homme, une femme, le couple !

Dans tous ces échanges, hommes femmes m'ont donné à entendre que l'essentiel dans la rencontre, c'est ce point pivot où va se vivre, avec la sexualité, une alchimie d'émotions, de sensations qui vont produire des effets.

Peut-être la naissance de l'amour ? C'est vraisemblablement quelque chose qui se découvre, renvoie aussi à de l'archaïque. Cela peut donner du bonheur, mais aussi des déceptions selon le lien qui va pouvoir se négocier.

Or l'amour comporte une idéalisation de l'objet du désir, il semble donner, mais il demande et attend ; le repérage de ces manifestations se fait par les objets partiels, magie des signifiants qu'ils diffusent ou créent (la voix, le regard, le corps) ! Une autre lecture possible de l'amour !

---

les éléments organisateurs fondamentaux qui s'y sont inscrits n'ont pu le faire que très profondément et d'autant que le substratum qui les recevait était encore passablement vierge et éminemment réceptif. »

TROISIÈME PARTIE

Réflexions – questionnement

Au départ, « faux pas » inattendu, s'est glissé comme un avertissement, ce fut un réel d'une rencontre ouvrant ainsi à un dialogue au cours duquel se construisent une histoire, des histoires. Tous ces trébuchements, ces chutes évoquées dans les cas présentés, nous parlent de l'interdit qui peut alors s'écrire sous cette formule : « faut - pas » dans l'attente d'une sanction, c'est-à-dire du jugement.

Par ailleurs, ces voyages intimes parcourus par le biais des entretiens, ces histoires où sont accrochés des signifiants témoins d'émois, parfois tragiques, ont laissé des traces, des mots, du sens qui opère, émerge de ce lieu « d'où ça part ».

Après avoir déplié ces histoires, celles-ci nous laissent entrevoir les failles, les conflits refoulés, les projets avortés. De ces récits se déclinent des constantes que la modernité ne saurait supprimer.

Sur les limites

Tous ces débordements m'ont invitée à insister sur le problème des limites, la plupart du temps floues, voire effacées, souvent absentes, pour empêcher le passage à l'acte. Partout je m'y suis confrontée comme si, dans les plis laissés par les empreintes, subsistait une parole, un émoi, un silence qui en dit long sur les intentions ! Je me suis dit souvent, mais qu'est-ce qui a bien pu se passer pour que ça déraille ainsi et souffre si fort ? J'ai imaginé qu'au détour d'une rencontre, un amour impossible, un abandon pouvaient laisser de la tristesse, ou de la nostalgie, aussi de la révolte, invitant au désir de savoir ! Pour ce qui est des limites, il est convenu que la première loi est inscrite par la mère. C'est aussi la première castration actée par un refus, ou bien elle diffère la réponse à un plaisir. C'est toujours difficile de dire « non » aux demandes abusives, elles vont créer un dysfonctionnement quelquefois salutaire ! C'est souvent là que va se réaliser, avec le conflit, une première faille. Je parle beaucoup dans ce texte de « limites », qu'est-ce que cela signifie ? A mon sens, c'est la seule possibilité d'acquérir une certaine liberté – relative. Trouver une limite, c'est pouvoir remuer tout ce « magma » qui bouillonne, le faire émerger afin qu'il s'affronte à la réalité, celle de chaque individu. C'est admettre l'altérité avec ses contraintes, ce qui plaît, déplaît, fait jouissance ou échec à une demande, à un projet.

Ce peut être la traduction de l'absence d'un cran d'arrêt, le rejet d'un certain discours en décalage avec la réalité, tous ces éléments qui ouvrent à une vacuité éducative dommageable. Pourtant, c'est à ce niveau que se structurent les défenses introduites par les premiers conflits nécessaires à la survie, surtout à l'équilibre. Les échecs constatés chez les sujets que j'ai rencontrés dans la première partie témoignent tous de l'absence d'un frein, d'une parole qui ferait stopper cette violence, en installant une limite. A ce propos, il me semble qu'on assiste à un effacement des exigences éducatives ; le lieu surmoïque, où s'organisent les règles, « d'où ça part », ce qui fait contour, recueille les informations, les absorbe, créant ainsi ce qui soutient la vie, est devenu moins crédible, en tout cas moins sollicité, comme si une autre méthode, sans doute moins rigoureuse, plus enthousiaste, pouvait parler autrement de la vie, du sexe et de la mort. L'histoire nous dira les conséquences de ces effacements et des modes de vie sur les équilibres.

Sur la fonction d'autorité

Dans la première partie, surtout celle du groupe des dix mercenaires, j'ai souligné la problématique des pères absents qui se traduit par la déliquescence de l'autorité, des repères. Il existe chez ces jeunes une déprise de la loi incarnée, comme si la fonction paternelle tombée en désuétude laissait une place tierce vide, inopérante où viennent s'y substituer les revendications débridées et les actes transgressifs, la violence. Jean-Pierre Lebrun retrace avec beaucoup de justesse ce qu'il en est de la fonction paternelle dans un petit livre intitulé : *Fonction maternelle fonction paternelle.* Charles Melman donne son avis sur ce qui paraît essentiel à l'organisation d'un sujet. Il nous dit ceci : « S'il y a découverte de Freud, c'est bien notre rapport au monde et à nous-mêmes qui est mis en place non par un objet, mais par le manque d'un objet d'élection essentiel, par ex : la mère, il faut que le sujet en passe par cette perte pour avoir accès à un monde tenable où son désir soit à la fois alimenté et orienté, et ses identifications sexuelles à peu près assurées. »

Dans cette perspective des places et des limites, j'ai souvent constaté que la fonction d'autorité était régulièrement assurée par des femmes seules pour qui l'enfant « était tout », le père semblait absent d'un « désir anonyme », mais aussi par sa présence. La violence surgit comme conséquence de ce qu'on ne s'est pas donné les moyens de l'appréhender. Cela questionne notre société et les institutions qui la gouvernent. Je me rends compte que ce qui revient toujours au même endroit, produisant les mêmes effets, quelles que soient les époques, les évolutions, la modernité, c'est ce qu'impose la pulsion dans sa dynamique de vie plaisir, déplaisir, frustrations. Bien sûr, elle part de ce lieu où naît la vie, où elle se construit, guidée par les circonstances extérieures, mais ce mouvement qui entraîne est universel, sa constance reste immuable. Elément à prendre en compte pour les gouvernances !

Sur la modernité

C'est en me référant à ces faits articulés aux observations qu'il me paraît opportun d'interroger la modernité. Outre les évolutions technologiques et autres qui bouleversent notre société, celle-ci ne pourra pas s'exonérer de ce fait humain, cette force pulsionnelle qui résistera sûrement aux évènements. Il me semble que ce dont parlent les symptômes rencontrés pourrait prévenir des effets novateurs susceptibles d'induire, parfois, des perturbations : par exemple, dans le domaine scolaire, l'apprentissage de la lecture. Certaines institutions peuvent être aussi concernées par cet aspect de l'inattendu, du changement de méthode, du trouble qu'ils génèrent. La famille, l'éducation, la justice sont concernées par ces mouvements ! La temporalité, le système de communication, de transmission, de spatialisation sont des facteurs fondamentaux, actuellement soumis à un rythme effréné, dérégulé. Est-ce que tous les sujets sont capables d'accrocher à ces difficultés pour suivre un tel enseignement et aussi un changement trop radical du rythme de vie qu'il impose ? J'ai le sentiment que l'humain est malmené au profit de la technique ! « D'où ça part » ? Question essentielle !

Sur les mères

Si la question des mères a mobilisé ma recherche et l'intérêt, c'est bien parce qu'elle est concernée par ce lieu « d'où ça part » qui s'articule et se prolonge par celle de la femme. Mais ce n'est pas tout ! Certaines observations m'ont fait réfléchir sur des propos véhiculés par un discours sociétal surprenant qui révélait une incompréhension de l'humain, et bien sûr de la femme. Il s'agissait de certains préjugés qui octroient à la mère la notion de l'amour comme une évidence, sinon un droit inhérent à la maternité. Une mère, « ça doit aimer son enfant, puisqu'elle lui a donné la vie », m'a dit un jour une jeune femme ! J'ai aussi entendu ce discours d'une mère furieuse d'être enceinte : « Je vis mon ventre comme une prison fermée à double tour, s'il s'ouvre je ne sais pas ce dont je suis capable » !... On en a vu quelques conséquences ! Il est vraisemblable que le piège autour de la procréation relatif aux femmes s'est nourri de ces discours de certains procès faits aux femmes ! Avant de poursuivre sur la femme, revenons sur la mère, cet être d'exception.

De la mère, dit-on, éclot le sentiment de sécurité, conquérante de la présence et de l'amour maternel, l'enfant s'offre d'abord dans les leurres de la séduction.

Maternité et pouvoir

De cet évènement qu'est la maternité, la mère est élevée au statut de puissance symbolique détentrice des pouvoirs de la parole d'abord, de ceux originaires des premières sentences. Il est un domaine particulier où s'exerce son pouvoir, c'est celui de la transmission. J'ai souvent entendu dans les rencontres ces termes : « C'est ma mère qui me l'a raconté ». Parfois, le caractère aléatoire faisait douter de la véracité, parce que là aussi, il y a de l'invérifiable ! Après avoir fouillé dans les histoires, pour débusquer le signifiant qui offre l'indice, il m'a semblé que ce qui est déterminant dans ce processus, c'est l'atmosphère dans laquelle baigne l'enfant. Il va absorber les signifiants de cette ambiance en imprimant des marques. Ce qui pourra se retrouver, ce seront les **traces**, elles présideront ultérieurement aux identifications selon le cas. La parole prendra alors le relais des discours entendus.

Mais que ne dit-on pas sur la mère ? Froide, maternelle, trop là ou trop ailleurs, attentive ou distante, elle gave ou prive, figure des premières angoisses, lieu à la fois d'une obscure menace et d'une insondable énigme, et, quand bien même le sujet n'aurait point de reproche à lui faire, il y aurait encore celui d'être trop inoubliable, parfois jusqu'au ravage !

Or, pour avoir entendu toutes ces femmes en souffrance, je ne peux que constater la complexité inhérente à la maternité. Comme le dit si justement Aldo Naouri, l'amour quel qu'il soit est une affaire de rencontre ; d'abord avec le sexuel, et avec l'altérité. Il dit aussi : « L'enfant vient soigner le petit enfant resté dans l'adulte », je souscris à ce fait ! Je ne reviendrai pas là sur l'analyse de ces soubresauts affectifs que j'ai déjà abordés dans beaucoup de cas, je dirais simplement que des mères, il y en a de toutes sortes, ni bonnes ni mauvaises, elles font avec leurs histoires, ce qui leur a été légué, et aussi avec les conditions extérieures et sociales qu'elles subissent.

Ceci dit, je ne peux passer sous silence ce qui, dès l'origine, confère à la mère un pouvoir : celui d'aimer, ou de rejeter à en mourir ! Certes, elle a le don d'insuffler ce courant désirant qui va s'inscrire dans la dynamique humaine, mais elle ne peut pas toujours maîtriser le vide, l'absence et les silences qui l'ont déstabilisée !

Sur la femme

Elle est femme avec les « restes » de son histoire, de son traumatisme avec le sexuel, de cette découverte de la différence où l'asymétrie décide différemment comment femme et homme vont faire avec le manque. Dans les consultations en dispensaire, le symptôme était là pour questionner cette différence, elle nous donnait très vite l'accent sur le lien indélébile laissé par la mère. Pour la femme, le fait qu'elle retrouvait les marques du « même », c'est-à-dire de l'identique, la rassurait et lui donnait probablement cette quiétude dans l'aventure amoureuse et aussi cette capacité à créer, combattre ! Pour l'homme, la plupart du temps, il reste du privilégié dans ce lien à la mère. De deux choses l'une : où il conserve une dépendance à celle-ci, qui peut fragiliser sa virilité, il peut aussi, et c'est souvent le cas, éprouver un sentiment de puissance, de domination jusqu'au moment où il éprouve la vulnérabilité de ce pouvoir de quelque chose qui se dérobe . La blessure narcissique lui révèle alors sa faille : il croit savoir, mais ne sait pas toujours composer avec cela !Privilège de la différence !

Comment prendre en compte ces questions de pouvoirs de transmission ? Comment atteindre à l'égalité entre homme et femme, comment assurer le travail de l'éducation, la culture qui reconnaît l'altérité sans apprécier ce hiatus que provoque la réalité de la dissymétrie ? C'est sans doute ici qu'opère la manière inédite de nous défendre, femmes et hommes, du sexuel, d'apprivoiser les remous intérieurs de ce fait de nature, c'est là aussi que pères et mères ont à assurer la responsabilité d'être parents.

Tous ces « face-à-face » avec les femmes, la variabilité des discours, la disponibilité et l'intelligence aussi qu'elles ont pour affronter certaines situations, ont résonné en moi, m'ont fait réfléchir au statut de la femme, à ses revendications.

Sur le féminisme

Je n'apprécie pas beaucoup le terme de « féminisme », il a trop de relents discriminatoires, préjudiciables aux revendications légitimes. L'épisode sur le désir d'enfant que j'ai déjà évoqué met en lumière l'origine de la puissance maternelle, ce fait confronte l'être femme à deux ordres : - la nécessité de donner la vie, d'insuffler la dynamique vivante et, selon le cas, désirante ; - la contingence qui vient là sans crier gare imposer une loi ! J'ai bien saisi comment, dans la rencontre sexuelle, les mots n'ont pas de place et de prise sur la chose, elle se vit et se découvre après coup.

L'inconscient est ce chapitre de l'histoire marqué par un blanc où se logent les signifiants refoulés, d'où la vérité peut être questionnée. Les querelles du féminisme approchées par Freud dans *Malaise dans la civilisation* me paraissent de fausses querelles parce que féminin et masculin ne sont pas des catégories psychiques.

Les fantasmes de désir du sexe ne sont pas réservés aux femmes. Par ailleurs, l'hypothèse qu'il émet d'une restriction, d'un frein inhérent à la condition d'être mère et femme est étroitement liée à la critique que Freud émet, dans *La vie sexuelle*, à l'égard de la famille à l'esprit conventionnel, trop rigide pour faire évoluer le patriarcat par exemple !

Je préfère éclairer le féminisme par une approche un peu moins évanescente de ladite féminité, dans le renversement de la situation de domination, et aussi de la phase évolutive des mœurs de notre société, ce bouleversement des rituels sur les formes de relation. Je me demande comment les femmes aboliront la domination ? Freud les y avait invitées en définissant la potentialité sexuelle, en montrant que la vraie question était de désaliéner la pulsion, réviser la notion de désir et de force selon le sexe, faire évoluer les idées, négocier les changements ! Je ne pense pas qu'un triomphe soit nécessaire comme le suggérait Olympe de Gouges, plutôt une acceptation de la différence, reconnaître et accepter femmes et hommes, la castration.

Ce que nous n'avons pas en tant que femmes, sachons le préserver, garder l'énigme, être de désir, la richesse infinie de nos subtilités, capables de donner ce que nous n'avons pas. Lacan dit des femmes qu'elles sont Autres, mais aussi bien qu'elles sont réelles. L'Autre (au sens de l'instance surmoïque) prend existence chaque fois que la pulsion s'impose hors des limites inhérentes au discours. S'il n'y a plus d'Autre, nous sommes toutes « Autres » à la mesure de ce que chacun présente de jouissance forclose. C'est la parole qui est notre boussole pour orienter nos choix vitaux ; pour ce qui est de l'Autre sexe, la question est aujourd'hui de savoir comment il peut se loger dans le discours actuel, et si l'amour reste propice à lui donner abri.

Je reste persuadée qu'un féminisme à la gloire de la virilité ne règle pas le problème, la question se pose en termes de couples, de chocs de rencontres, de reconnaissance et non de catégories ! En réalité, il n'y a pas de contrat possible avec la pulsion, mais surtout, il n'y a pas de contrat possible avec l'Autre, qui est hors contrat par définition. On dira peut-être que c'est une raison de plus pour considérer qu'une femme bénéficie d'un crédit supplémentaire dans son rapport au réel supérieur à celui de l'homme.

Le combat de la femme à poursuivre, dit Cynthia Fleury dans *La fin du courage*, il ne faut pas se tromper, ce n'est pas par la force, mais comment nous pouvons, avec notre « manque », en faire une supériorité ! Cela demande à réfléchir sur nos désirs, nos projets, comment concilier notre être de femme et notre place dans la société.

Sur la prison

Il est un autre domaine sur lequel j'aimerais porter mes réflexions, c'est la prison : ce lieu clos me fait penser à un « incubateur » où actuellement se conjuguent sanctions et soins dans un climat de dangerosité et de contamination inquiétant. Ce lieu exigu m'a fait éprouver, dès le départ des entretiens, l'état mental de la personne que je venais « expertiser ». Pour quelques-uns, ce fut un moment de « distraction », ils ont pu retrouver la liberté de dire, le sens de l'humain, échanger, pour d'autres, ce fut plus difficile de contenir leur violence, pour finir par exploser sans pour autant mettre des mots sur leur souffrance. Toutes ces années au cours desquelles j'ai fréquenté la prison pour y rencontrer ceux qui y étaient prisonniers pour un temps indéterminé, en attente d'une issue difficile à imaginer, j'ai beaucoup réfléchi. Avec un peu de recul, sans doute pétrie de sensations particulières, la mise à distance, parfois laborieuse, m'a procuré un espace de réflexion et de questionnement sur la notion d'enfermement, et la valeur de la sanction. Il m'a semblé souvent éprouver, dans ces conditions de vie, l'angoisse de comment survivre entre ces quatre murs, privé de lumière, de contacts, dans l'attente d'une porte qui s'ouvre l'espace d'un bref moment. Comment ressortir de cette expérience, c'est difficile de l'imaginer. En tout cas, ça interroge. Il n'est pas question de mettre en doute la nécessité d'isolement qu'imposent ces actes que je viens de décrire, mais il me semble que l'on pourrait organiser autrement ce lieu de façon à permettre à l'individu privé de liberté de réfléchir sur l'« être humain », ce qui le distingue de la « sauvagerie », à faire éprouver le manque et la limite comme « seule garante » de liberté. Toutes ces réflexions sur les conditions de vie m'ont toujours renvoyée à « d'où ça part », lieux et mouvements immuables et incontournables. La sanction, pour qu'elle soit efficace, doit reprendre ce trajet de l'humain avec ses limites, et l'inévitable discrimination qu'elle opère. Ceci dit, il est toujours possible de reconsidérer le mode de vie sur des critères éducatifs, de formation. Certains pourraient en bénéficier. Cela exigerait toute une organisation adaptée. Beaucoup étaient en demande d'une aide, ils élaboraient un projet, cela les aidait à tenir ; mais pour d'autres, je savais dès le départ qu'il n'y avait plus rien à faire dans ce sens. La prison était devenue le lieu de perversion de l'accueil des hors-la-loi et des malades mentaux qui n'ont plus de place dans les lieux de soins spécialisés.

Punir, soigner, qui soigne-t-on ?

C'est un constat attristant pour notre société. Difficile dans un tel contexte de décider de la responsabilité. Cependant, il nous faudra distinguer les sujets qui relèvent du soin, ceux dont les signes de dissociation se manifestent, de ceux pour qui les barrières mouvantes ayant cédé ont basculé dans le hors-la-loi dans l'attente d'une sanction. Dans un monde où tout est précipité, le temps compté, pour satisfaire aux exigences, on peut craindre le repli de certains sujets en difficulté d'intégration. La psychose devient préoccupante ; prendre en compte cette désintrication qui fait le lit à la discrimination humaine et sociale me semble urgent.

Qui est responsable : famille, société ? Ce sont toutes ces questions qui, dès le départ, m'ont décidée à interroger ce lieu « d'où ça part » ? Lieu d'où vient le fondement de notre société.

Conclusion

L'histoire de ce manuscrit a commencé dans un « lieu fermé » : la prison. Il me fallait donc en sortir, proposer une issue. Je précise qu'il s'agit d'un témoignage d'une expérience professionnelle qui a duré plus de 20 ans où s'articulent l'histoire humaine des sujets, leur roman et, selon le cas, l'impossible traduction d'une place dans la société.

Avant de conclure, je voudrais rappeler ma mission qui était d'éclairer le juge sur les motivations de l'acte, d'apprécier le seuil de la pathologie : degré de la conscience, capacités intellectuelles. Autrement dit, quel évènement, dont l'effet est venu toucher la pensée, a fait remonter à la surface l'émoi, suivi de l'acte qui a causé tous ces dégâts ? Pour le juge, l'essentiel était de se prononcer sur la culpabilité, questionner la « vérité ».

« Faux pas », par l'intermédiaire de ses dérapages, a introduit des récits qui parlent de la transgression, de l'interdit, des mécanismes de défense qui vont nous orienter nécessairement vers ce lieu « d'où ça part ».

La question des mères s'est imposée, je l'ai développée dans un chapitre particulier ; la mère étant ce

« premier autre » qui instaure la première loi ! Elle dispose aussi d'un pouvoir de transmission générationnelle qu'elle véhicule dans son rôle de mère et de femme.

Pour ce qui est de l'interdit, nous sommes, de ce fait, dans le registre du sujet, de la subjectivité qui parle de l'impossible articulation, de la pulsion (agressive) dans le langage, autrement que dans une mise en acte, dans un faux pas. Toujours un acte violent.

L'interdit renvoie à la parole de l'« Autre » entre-dite, qui joue un rôle de butée, de cran d'arrêt. Dans l'interdit, la parole se substitue à la chose : hors de ce procès de l'inconscient, il ne peut y avoir de sujet.

Sur la loi

Aux prises avec ces déraillements, « Faux Pas » va nous convoquer au rapport à la loi, rendre compte de ce qui n'est pas supportable pour la société. La loi n'est pas seulement ce qui est écrit dans le Code civil ou pénal, elle est aussi le pacte symbolique qui unit les hommes et qui interdit l'inceste et le meurtre. C'est une biographie où le réel se noue à l'histoire. Elle rend visible ce que peut être le sujet dans son développement à partir d'un au-delà des apparences.

Lorsqu'on veut se représenter le vécu traumatique, on se réfère à l'idée d'une frustration, voire d'une perte, d'un manque. C'est l'inverse qui insiste dans les passages à l'acte, quelque chose en excès, une jouissance qui ne s'écoule pas comme l'espérait Freud, par les voies normales de la psyché, mais se tient là, en « souffrance », modifiant pour le sujet son « être au monde ».

La fonction symbolique

La fonction symbolique est portée par cet « Autre » qui a pour fonction de faire jouer dans la représentation le pouvoir de séparer les corps et les mots. La société est avant tout une fonction liée au droit ; ce point du prononcé de la loi porté par le père et par l'institution, point de « vérité », point axiomatique muet où « l'indémontrable ne peut se parler », dit le jésuite médiévaliste Pierre Legendre[14]. Ce sont les histoires, le contexte qui les produit qui nous en révèlent les effets incommensurables. La disparition de cette fonction de la loi, son absence va susciter le non-respect de l'Autre, suscitant en retour cette modification du désir qui s'est affranchi des limites qu'il devait représenter en son rôle. L'effondrement de cette fonction met en péril notre articulation au monde !

Pour éclairer, il faut pouvoir revenir sur l'origine du processus d'interdiction, élément constitutif de la loi, cerner la question du rapport du désir à l'institution. La fonction de la loi, c'est aussi ce moment de mise à l'écart qui favorise ce retournement et permet au sujet de lire son histoire. Pour aller au-delà des données techniques, nosographiques, de la psychologie et de la

---

[14] LEGENDRE Pierre, *Sur la question dogmatique en Occident.* Fonction de la loi, point d'où le droit rejoint la psychanalyse, lieu imparlable, d'où se pose la question de savoir de quelle vérité procède la loi.

psychiatrie, en savoir plus sur la « cause », les motivations dont la complexité nous plonge toujours dans l'énigme, j'ai choisi d'interroger le symptôme à l'aide de la clinique psychanalytique.

C'est en ce sens que je me réfère souvent au signifiant, qui n'est autre que ce chef d'orchestre qui surgit, dans le discours, d'un lieu où il était retenu ; il va diriger la partition en questionnant autrement. Il m'a semblé que cette approche était un atout efficace pour déranger les mécanismes de défense qui ne visent qu'à brouiller ce que l'on recherche : en savoir plus sur la vérité de ce qui a inspiré l'acte en question ! Ce réel intrusif, véhiculé par le signifiant refoulé, revient à la surface aidé par le transfert. C'est ce caractère intrusif du signifiant qui lui donne ce pouvoir d'extraire, avec le sens, un savoir particulier. Le réel, c'est ce moment lié à l'évènement qui oblige la pulsion à se soumettre ; selon le cas : - elle divise et protège par l'interdit, ou - elle livre sans défense aux conséquences de ce réel souvent dramatique.

Le regard de la psychanalyse

La « vérité » s'approche par tâtonnements, elle est unique pour chaque sujet, dépendante de son environnement individuel et collectif. C'est à ce niveau que nous, experts, nous sommes confrontés à la responsabilité d'apprécier le caractère de conscience des limites de l'humain. La psychanalyse nous aide à questionner autrement la réponse des sujets aux différents passages à l'acte, selon leur gravité. Sa manière d'analyser les structures psychotiques est un guide précieux. La démarche qu'impose l'organisation signifiante d'un sujet nous fait saisir jusqu'à quel point il peut ou pas résister à la contrainte du réel. Comment cette intrusion, qui vient heurter un certain ordre établi, désorganise l'individu. Pas facile d'entendre et comprendre cette logique hors sens, qui vient déranger notre raisonnement. Il y a parfois dans le questionnement une tentative d'extirper l'aveu de la faute, ce qui déclenche alors une violence incontrôlable . L'aveu n'est pas toujours la vérité, cependant, il donne une indication sur la stratégie.

Toutefois, confrontée à la psychose, la structure ne dit pas tout du comportement ; elle ne dit rien de la manière dont le sujet se tient dans sa carapace, qui le retient dans une place sociale jusqu'au moment où il trébuche et s'égare dans sa logique. « Ce qui échappe au sujet dans cet égarement peut se retrouver cerné dans un second temps à l'aide de la psychanalyse. S'il ne sait pas le pourquoi de cet acte, il peut approcher les circonstances de ce qui l'a conduit au pire. »

Les fluctuations de cette responsabilité pour nous expert se mesurent dans l'écart entre structure et jouissance, c'est-à-dire le système éducatif, ses défenses, son organisation, l'impact dans la perception de la réalité. C'est sans doute ici que se séparent et s'articulent culpabilité et responsabilité.

Cet éclairage est une aide sérieuse pour la justice qui affine le pouvoir d'apprécier que la vérité du jugement et celle de l'acte ne sont plus uniquement séparées du sujet, mais dans les vacillations de sa responsabilité. La psychanalyse est sûrement un atout à privilégier. L'expertise, comme le dit Lacan, est le lieu de « vérités » inconciliables. – Celle du sujet qui s'exprime par ce ratage, par cet acte qui est un trébuchage dans le dire, un faux pas, une vérité qui ne peut pas se dire toute. – Et celle du social, de la société qui n'a à sa disposition que des outils qui rendent compte d'une autre logique, qui ne s'articule pas toujours, ou pas totalement, avec celle du sujet… qui reste là, avec toujours un sens lamé en errance, lamé en souffrance, comme on le dit d'une lettre qui n'a pas trouvé de destinataire.

La place de l'expert

C'est là que l'expert a peut-être une place paradoxale, entre deux malentendus, entre le faux pas de la pulsion et le faut-pas de la loi, où, malgré tout, quelque chose traverse. Pour autant, il faut que l'expert sache saisir ce point forcément incertain, forcément mensonger, où quelque vérité pourtant trouve à se dire et à s'articuler toujours un peu plus dans le langage et dans la rencontre. Car c'est bien de témoigner d'une rencontre qu'il s'agit, par où l'inter-dit vient au langage, par où l'interdit peut commencer à se laisser penser (avec un « e »), par où la douleur se panse (avec un « a ») et peut se laisser penser.

Pour conclure autrement et prolonger ce texte, je citerai une note tout à fait personnelle : au début, lorsque j'exerçais dans une ville de province, il y avait un tribunal qui fonctionnait avec cinq juges. J'avais, à l'époque, pris l'habitude d'aller porter moi-même mes rapports. C'était toujours un moment très riche d'échanges, de discussions. Je me souviens particulièrement de cet échange avec un juge à la veille d'un procès d'assises. Bien sûr, mon rapport évoquait une orientation, des signes, des éléments que nous avions âprement discutés, je l'avais renvoyé à son intime conviction ! Avant de nous séparer, il me fit part de son interrogation et me dit : « Mais où est la vérité ? » La seule réponse que je pus faire était à lire dans notre échange de regards ; il savait très bien que cette « vérité », dont la cause le tourmentait, je ne pouvais l'affirmer, ni l'écrire, je ne pouvais que m'en approcher dans un « mi-dire ».

Postface

Une amitié de plus d'un demi-siècle me lie à Arlette Portenseigne. Elle a très bien fait d'écrire ce livre. Sa pratique dans les hôpitaux, en clientèle et dans les prisons témoigne d'une formation psychologique et psychanalytique remarquable.

En particulier, les entretiens dans une petite pièce de la prison, avec une prise de risque calculée. Faire enlever les menottes dans une affaire de meurtre, ce n'est pas rien. Mais cela humanise la relation. Il n'est pas question de déontologie, mais d'éthique.

Une éthique rigoureuse, qui s'est révélée efficace.

Je connais plusieurs psychologues qui ont fait des expertises judiciaires, et qui n'ont jamais pris ce risque. C'est vraiment superbe.

Dans ma pratique, psychiatrique ou psychanalytique, il m'est arrivé de prendre des risques, mais je crois que j'avais moins de mérite qu'elle. Traiter des psychotiques en cabinet, ce n'est pas une sinécure, mais c'est un risque calculé.

Arlette Portenseigne, je la salue affectueusement, et je souhaite à son livre tout le succès qu'il mérite.

Jean Segalen

Bibliographie

AULAGNIER Piera, *Les destins du plaisir*, Le Fil Rouge, P.U.F., 1979.

BION Wilfred, *Aux sources de l'expérience*, Paris, P.U.F., 1962.

BION Wilfred, « Articles sur la mémoire et le désir », *Revue française de psychanalyse*, 1967.

BIAGI-CHAI Francesca, *Le cas Landru, à la lumière de la psychanalyse*, préface de Jacques Alain Miler, Paris, Imago, 2007.

BLANCHOT Maurice, *Faux pas*, N.R.F., Gallimard, 1943.

BLANCHOT Maurice, *Récits critiques*, sous la direction de Christophe de Bident et Pierre Vilar, Editions Farrago, 2003.

BRUNO Pierre et SAURET Jean-Marie, *Problèmes de psychanalyse*, Association de psychanalyse Jacques Lacan, 2003.

CARIOU Marie, *Freud et le désir*, P.U.F., collection Sup., 1973.

CHAR René, « Sept saisis par l'hiver », in *Les chants de la Balandrane*, Paris, Gallimard, 1977.

CLERAMBAULT (de) Gaëtan Gatian, « Grandeur de la folie. Itinéraire d'un psychiatre iconoclaste », in *Œuvres psychiatriques*, Paris, Edition Frénésie, 1921.

CONTE Claude, *De Freud à Lacan. Le Réel et le Sexuel*, Point Hors Ligne, 1992.

DURAND Anne, *L'amort dans l'âme. Enquête à propos de l'étrange signature de Michel-Ange sur la Piétà*, L'Harmattan, 2014.

FREUD Sigmund, « Deuil et Mélancolie », in *Métapsychologie*. Paris, Gallimard, 1915.

FREUD Sigmund, *La vie sexuelle. Pour introduire le narcissisme* Paris, P.U.F., 1968.
FREUD Sigmund, *L'avenir d'une illusion*, Paris, P.U.F., 1971.
FREUD Sigmund, *Malaise dans la civilisation*, Paris, P.U.F., 1981.
FREUD Sigmund, *Cinq leçons sur la psychanalyse*, Paris, P.U.F., 1977.
FREUD Sigmund, *Le principe du déterminisme*, Petite Bibliothèque Payot, Paris, P.U.F., 2005.
FREUD Sigmund, *Au-delà du principe de plaisir*, Petite Bibliothèque Payot, 1951.
FLEURY Cynthia, *La fin du courage*, Le livre de poche, biblio essais, 2011.
FOUCAULT Michel, « Histoire de la folie 1954-1988 », in *Dits et Ecrits*, Gallimard, 2001.
FOUCAULT Michel, « L'angoisse de Juger », in *Dits et Ecrits*, Gallimard, 1976-1988.
HESNARD Angelo, « Ce que la clinique française a retenu de la psychanalyse », in *La clinique*, n° 240, février 1935.
LACAN Jacques, *Ecrits*, Seuil, Paris, 1966.
LACAN Jacques, « Du Trieb de Freud », in *Ecrits « Pour un congrès sur la sexualité féminine ».*
LACAN Jacques, *Encore*, Seuil, 1975.
LACAN Jacques, « Subversion du sujet dialectique du désir », in *Ecrits*, Séminaire I, chapitre XXI, 1997.
LACAN Jacques, « L'envers de la psychanalyse », *Ecrits*, Séminaire I, chapitre XXI, 1997.
LACAN Jacques, « La direction de la cure », in *Ecrits*, Seuil, 1997.
LACAN Jacques, *Le séminaire livre IX : Les quatre concepts fondamentaux de la psychanalyse*, Paris, Seuil, 1973.
LACAN Jacques, *Le Séminaire livre XVI : D'un Autre à l'autre*, Paris, Seuil, 2006.
LACAN Jacques, *Le Séminaire livre III : Les psychoses* (1955-1956), Paris, Seuil, 1981
LACAN Jacques, « La science et la vérité », in *Ecrits*, 1966,
LACAN Jacques, « Kant avec Sade », in *Ecrits*, 1963.

LACADÉE Philipe, *L'Eveil et l'exil. Enseignements psychanalytiques de la plus délicate des transitions : l'adolescence*, Psyché, Éditions Cécile Defaut, 2007.

LACADÉE Philipe, *Le malentendu de l'enfant (des enseignements psychanalytiques de la clinique des enfants)*, Lausanne, Editions Payot, 2013.

LEBRUN Jean-Pierre, *Fonction maternelle, fonction paternelle yapa ka.be.*, Editions Fabert, 1997.

LEBRUN Jean-Pierre, *Un monde sans limites. Essai pour une clinique psychanalytique du social*, Érès, 1997

LEFORT Rosine, en collaboration avec LEFORT Robert. *Les structures de la psychose*, Seuil, 1988.

LESOURD Serge, *Adolescences, rencontre avec le féminin*, Érès, 1994.

LECLAIRE Serge, *Œdipe à Vincennes - Séminaire 69*, Fayard, 1999.

MELMAN Charles, Entretiens avec Jean-Pierre Lebrun, *L'homme sans gravité*, Denoël, 2002.

NAOURI Aldo, *Les filles et leurs mères*, Odile Jacob, 1998.

PEYRÉ Pierre, *Compétences sociales et relations à autrui. Une approche complexe*, préface d'André de Peretti, L'Harmattan, 2000.

PONTALIS J.-B., *Entre le rêve et la douleur*, Editions Gallimard, 1980.

QUIGNARD Pascal, *Sur l'image qui manque à nos jours*, Editions Arléa, 2014.

SEGALEN Jean-Jacques, *Considérations générales sur les psychoses réactionnelles et les névroses traumatiques de guerre*, thèse de médecine, Lyon, Bosc frères, 1956.

SOLER Colette, *Ce que Lacan disait des femmes. Etude de psychanalyse*, Progress Editions du champ lacanien, 2003.

Table des matières

Psychologie et psychanalyse
aux éditions L'Harmattan

Dernières parutions

DU BONHEUR À LA SANTÉ
La Rosa Emilio
Cet ouvrage apporte des explications sur les émotions négatives et positives, la mémoire et le fonctionnement du cerveau, permettant ainsi au lecteur de mieux comprendre les processus liés au bonheur et à la souffrance. Les émotions positives et négatives, et les souvenirs jouent un rôle de premier plan dans ces processus. En outre, nous décrivons les éléments qui favorisent et entravent le bonheur.
(19.00 euros, 188 p.)
ISBN : 978-2-343-07374-3, ISBN EBOOK : 978-2-336-39724-5

LA RECHERCHE DU SENS EN ANALYSE EXISTENTIELLE ET LOGOTHÉRAPIE
Abrami Léo Michel - Préface de Georges-Elia Sarfati
Voici l'un des rares livres de langue française consacrés à l'analyse existentielle. Cet ouvrage formule dans un langage clair une transmission située au plus près des fins de la thérapie. L'idée de thérapie est comprise ici au double sens antique du terme, il s'agit d'enrichir la relation d'aide d'un ensemble de vues inédites sur la conduite de l'analyse (sens clinique) et de donner des bases plus solides au dialogue axé sur l'expression de la vérité personnelle (au sens du soin de l'âme socratique).
(Coll. Quête du sens, 14.00 euros, 124 p.)
ISBN : 978-2-343-07968-4, ISBN EBOOK : 978-2-336-39712-2

FRONTIÈRES DU RÉEL OÙ L'ESPACE ESPACE
Salignon Bernard
Là où l'espace espace, c'est là où la source des vents passant entre les choses et les êtres décide de séparer ce qui ne serait que masse compacte, permettant ainsi, en même temps, de voir différemment les objets et le fond dont ils font monde. Ce livre, dans son écriture, trouve d'autres frontières entre esthétique, philosophie et psychanalyse, en les distribuant dans une unité plurielle et singulière.
(Coll. Eidos série Retina, 13.00 euros, 114 p.)
ISBN : 978-2-343-07688-1, ISBN EBOOK : 978-2-336-39815-0

L'ENFANT ET LA FÉMINITÉ DE SA MÈRE
Sous la direction d'Elisabet-Razavet, Georges Haberberg, Dominique Wintrebert
Avec la collaboration de Maryvonne Blouët-Bricoteaux et Laurent Dupont
Préface de François Ansermet
On lira ici comment l'enfant se dépêtre de la féminité de sa mère. Ce travail de recherche s'est forgé à travers des présentations de cas et leur commentaire. Il fait apparaître combien les différentes confrontations du sujet avec la castration et la féminité de sa mère, à différents temps contingents de son existence, sont décisives pour son destin d'« être pour le sexe ». La rencontre avec la castration maternelle conduit au cœur de la structure : il n'y a pas de signifiant pour dire la femme. Mais alors, entre mère et femme, comment l'enfant se débrouille-t-il ?
(Coll. Études Psychanalytiques, 20.00 euros, 182 p.)
ISBN : 978-2-343-07599-0, ISBN EBOOK : 978-2-336-39433-6

ÉLOGE DE NOS ANGOISSES
Essai
Lorin Claude
Stress, angoisses, tourments peuvent-ils être nos alliés ? Oui, répond l'auteur. Toutes sortes d'angoisses nous tenaillent et l'on a oublié qu'elles étaient bénéfiques quant à notre adaptation au monde. D'autres font partie de ce que l'on nomme « les épreuves de la vie ». Pour les surmonter et en faire bon usage, il faut libérer en nous ce que l'auteur nomme « la pulsion de création ». Tracas et tourments s'infléchissent alors sous la poussée intérieure de cette force qui conduit à la création et donne sens à nos vies.
(29.00 euros, 290 p.)
ISBN : 978-2-343-07262-3, ISBN EBOOK : 978-2-336-39523-4

HYPNOSE ET GESTION DE LA DOULEUR
Actes du 7e Congrès de l'Association européenne des praticiens d'hypnose
Sous la direction de Djayabala Varma
Cet ouvrage présente les applications de l'hypnose dans la prise en charge des personnes souffrant de : dysménorrhée fonctionnelle, syndrome de l'intestin irritable, migraine, algodystrophie, fibromyalgie, douleur fantôme et autres douleurs sans cause apparente. L'accompagnement de la femme enceinte et l'accouchement sans douleur par des techniques hypnotiques sont également traités dans ce livre.
(14.50 euros, 136 p.)
ISBN : 978-2-343-07528-0, ISBN EBOOK : 978-2-336-39644-6

DÉSERTS OU LA CRUAUTÉ DU SURMOI
Hurion Roseline
Déserts ou la cruauté du surmoi se veut le langage de ce moment où le surmoi devient le centre de la réalité psychique. Il libère ses forces centrifuges comme autant de points de tension secouant l'ensemble de cette réalité, l'expulsant et la ramenant vers le centre. Va-et-vient qui met le sujet face à ses pensées terrifiantes – les projections de sa peur. Dénonciation de la cruauté du surmoi dont les épiphénomènes gravitent autour de lui.
(15.50 euros, 146 p.)
ISBN : 978-2-343-07785-7, ISBN EBOOK : 978-2-336-39538-8

AU-DELÀ DE LA RÉPÉTITION, L'INVENTION
Transmettre ce que l'on cherche
Gutierrez Yvonne
Yvonne Gutierrez nous livre ses expériences d'analysante et d'analyste au sein des nombreuses institutions qu'elle a fréquentées. Sa critique sans concession et féconde, son questionnement vivifiant pour la pratique et la transmission d'une psychanalyse contemporaine « incarnée » sont au cœur de son ouvrage.
(Coll. Études Psychanalytiques, 20.50 euros, 198 p.)
ISBN : 978-2-343-07622-5, ISBN EBOOK : 978-2-336-39574-6

UNE PETITE HISTOIRE DE LA PSYCHÉ
Ou quelques reflets de l'âme dans le miroir de l'inconscient
Guillaume Jean-Claude
Dans cet ouvrage argumenté et cliniquement documenté, déroulant une conception personnelle de l'évolution psychique, l'auteur nous conduit dans un voyage à travers l'évolution et les diverses manifestations de la psyché humaine. Il s'appuie d'une part, sur l'expérience de sa clinique psychanalytique et, d'autre part, sur une sensibilité artistique et sur des connaissances poétiques vastes et éclairantes. L'appel au poète éclaire de nombreux concepts psychanalytiques et donne une dimension supplémentaire à de très nombreux référents théoriques.
(Coll. Psychologiques, 28.00 euros, 278 p.)
ISBN : 978-2-343-05959-4, ISBN EBOOK : 978-2-336-39525-8

PSYCHANALYSE ET ÉCRITURE
Rencontre avec Pascal Quignard
Sous la direction de Joseph Rouzel
Une magnifique journée de rencontre avec Pascal Quignard a permis à des cliniciens de (re)poser cette énigme : l'inconscient, ça s'écrit comment ? Réunis autour de Pascal Quignard et Joseph Rouzel on trouvera ici des textes de Françoise Wilder, Sylvie Bassot-Svetoslavsky, Thierry Azema, Isabelle Pignolet de Fresnes, Serge Bedère, Nicole Malinconi, Jacques Cabassut, Luc Diaz, Claude Allione.
(Coll. Études Psychanalytiques, 16.50 euros, 150 p.)
ISBN : 978-2-343-07698-0, ISBN EBOOK : 978-2-336-39600-2

LES MÉNINES
Ou l'art conceptuel de Diego Vélasquez
d'Hérouville Xavier
Lors du séminaire du 11 mai 1966 Jacques Lacan évoque *Les Ménines* de Vélasquez comme support iconographique de son cycle d'étude sur la remise en question du statut de l'objet par l'expérience analytique. Au cours du séminaire suivant, Michel Foucault qui vient de publier Les mots et les choses est son invité surprise. La confrontation des deux maîtres du structuralisme s'annonce comme une joute oratoire titanesque. Le surréaliste contre le constructiviste. Lacan contre Foucault. Quelle affiche !
(Coll. Ouverture Philosophique, série Esthétique, 14.50 euros, 132 p.)
ISBN : 978-2-343-07070-4, ISBN EBOOK : 978-2-336-39499-2

VIE DE COUPLES, ENSEMBLE POUR LA VIE
Jean-Yves Philippe
Thérèse et Gérard, Virginie et Benjamin, Camille et Olivier sont trois couples d'âges et de parcours différents qui se retrouvent au sein du mouvement des Équipes Notre-Dame. Chacun d'eux a ressenti à un moment donné le besoin de participer à ce réseau pour répondre aux questionnements sur la vie maritale et ses difficultés. Avec eux et les professionnels, religieux ou laïcs, qui composent les Équipes Notre-Dame, nous découvrons une forme de thérapie de couple.
(20 euros)
ISBN : 978-2-336-31059-6

CHIRURGIE ESTHÉTIQUE & FRONTIÈRES DE L'IDENTITÉ
Godefroy Michel - Préface de Gérard Flageul
La chirurgie esthétique permet-elle à un sujet de franchir les frontières de son identité ou bien de mieux les comprendre ? Quelle est, à la lumière d'une pratique psychiatrique et psychanalytique, la valeur psychologique profonde de l'acte de chirurgie plastique et esthétique ? L'étude de cas cliniques permet de mieux comprendre ce qu'il en est pour les acteurs en présence : l'entourage, le chirurgien, le psychiatre et le patient.
(Coll. Eidos série Retina, 15.50 euros, 148 p.)
ISBN : 978-2-343-07289-0, ISBN EBOOK : 978-2-336-39169-4

AUX BORDS DU DIVAN
Aspects cliniques du trauma
Sous la direction de Christine Loisel-Buet – Avec la participation de Hélène Avyn, Christelle Bouchire, Émeline Caret, Bertrand Drothiere, Isabelle Marlière et Catherine Weyrich
Les auteurs de cet ouvrage travaillent avec des patients dans différentes institutions ou en libéral. Ils ont tous la boussole analytique chevillée au corps. Ils écoutent, accueillent les silences et les trous de langage. Ils accompagnent tout au long d'un chemin parfois ardu qui oblige à faire preuve d'inventivité. La psychanalyse n'est ni un dogme ni une théorie dépassée. La clinique dite « du trauma » pousse à trouver des pratiques différentes, à élaborer chaque jour une clinique vivante.
(Coll. Psychologiques, 24.00 euros, 238 p.)
ISBN : 978-2-343-07004-9, ISBN EBOOK : 978-2-336-39257-8

ABORDS DU RÉEL
Une exploration de l'ombilic des rêves
Abibon Richard
Richard Abidon fait retour à la démarche de Freud qui inventa la psychanalyse en empruntant la voie royale de l'interprétation de ses rêves. L'auteur transcrit ici ses propres rêves et en fait l'analyse publiquement, seule transmission possible d'une expérience singulière au plus près de l'inconscient, aux « abords du réel ». Avec rigueur, humour et simplicité il nous entraîne irrésistiblement dans ce périple singulier qui touche en chacun de nous l'universel de la structure de l'inconscient.
(Coll. Psychanalyse et civilisations, 34.00 euros, 328 p.)
ISBN : 978-2-343-06603-5, ISBN EBOOK : 978-2-336-39399-5

L'HARMATTAN ITALIA
Via Degli Artisti 15; 10124 Torino
harmattan.italia@gmail.com

L'HARMATTAN HONGRIE
Könyvesbolt ; Kossuth L. u. 14-16
1053 Budapest

L'HARMATTAN KINSHASA
185, avenue Nyangwe
Commune de Lingwala
Kinshasa, R.D. Congo
(00243) 998697603 ou (00243) 999229662

L'HARMATTAN CONGO
67, av. E. P. Lumumba
Bât. – Congo Pharmacie (Bib. Nat.)
BP2874 Brazzaville
harmattan.congo@yahoo.fr

L'HARMATTAN GUINÉE
Almamya Rue KA 028, en face
du restaurant Le Cèdre
OKB agency BP 3470 Conakry
(00224) 657 20 85 08 / 664 28 91 96
harmattanguinee@yahoo.fr

L'HARMATTAN MALI
Rue 73, Porte 536, Niamakoro,
Cité Unicef, Bamako
Tél. 00 (223) 20205724 / +(223) 76378082
poudiougopaul@yahoo.fr
pp.harmattan@gmail.com

L'HARMATTAN CAMEROUN
TSINGA/FECAFOOT
BP 11486 Yaoundé
699198028/675441949
harmattancam@yahoo.com

L'HARMATTAN CÔTE D'IVOIRE
Résidence Karl / cité des arts
Abidjan-Cocody 03 BP 1588 Abidjan 03
(00225) 05 77 87 31
etien_nda@yahoo.fr

L'HARMATTAN BURKINA
Penou Achille Some
Ouagadougou
(+226) 70 26 88 27

L'HARMATTAN SÉNÉGAL
10 VDN en face Mermoz, après le pont de Fann
BP 45034 Dakar Fann
33 825 98 58 / 33 860 9858
senharmattan@gmail.com / senlibraire@gmail.com
www.harmattansenegal.com

Achevé d'imprimer par Corlet Numérique - 14110 Condé-sur-Noireau
N° d'Imprimeur : 136169 - Dépôt légal : février 2017 - *Imprimé en France*

www.ingramcontent.com/pod-product-compliance
Lightning Source LLC
LaVergne TN
LVHW021221061026
849535LV00008B/2852

* 9 7 8 2 3 4 3 1 1 0 8 3 7 *